KB167032

고대 그리스의 시인들

차례
Contents

신을 즐기던 시인들

그리스 시인들을 소개하는 글에 앞서 좀 무거운 이야기를 붙여야겠다. 그리스 시인들의 작품 속에서는 언제나 신이 등장한다는 사실이 이 글의 중심을 이루고 있다는 점과 관련된 이야기를 말이다. 이 책에서 소개하려고 하는 그리스의 시인들은 한마디로 말한다면 신에 대한 두려움에 짓눌려 있다기보다는 누리고 있다는 생각을 갖게 만든다. 그들은 종교적 실체로서 인간 위에 군림하는 전지전능한 신을 생각하기보다는 인간의 인식능력 안에 포착되지 않는 신비한 현상을 설명하려는 인식론적인, 어떻게 보자면 형이상학적인 술어로 여기지 않았나 싶다. 그런 까닭에 신은 하나의 유일하고 막강한 절대자로 집중되는 구심력의 핵심이 되기보다는 거의 모든 자연 현상과 인간의 행동과 경험을 설명하기 위해 넓게 퍼져나가는 원심력으로 작용한다고 볼 수 있다. 그 결과 그리스의 시인들은 각종 신들로 가득 찬 다신교의 세계를 작품 속에 그려놓게 된다. "세계는 신들로 가득 차 있다."라는 철학자 탈레스의 말은 이런 사실을 잘 표현하고 있다.[1)]

반면 얼마 전 우리는 현대에도 얼마든지 종교에 대한 맹목적인 믿음과 신의 이름으로 사람을 참수해 생명을 빼앗아버릴 수 있다는 사실을 접했다. (2004년 6월 22일 이슬람 무장단체에 의해 살해당한 김선일 씨의 무고한 죽음에 깊은 애도를 표한다.) 그 섬뜩한 칼날을 들고 있는 그들은 오히려 당당하다. 그들 스스로도 자신들이 믿는 신을 위해 죽기를 각오한다. '유일신과 성전(자마트 알 타우히드 왈 지하드)'이라는 이름을 내걸고 그들은 신이 명하는 정의와 선을 올곧게 세우기 위하여 투쟁한다고 말하며, 그들의 적을 악마로 규정하는 한편 자신들은 거룩한 전쟁을 치르는 의로운 전사라 스스로를 칭한다. 마찬가지로 그들의 적들은 거꾸로 그들을 악마라 부르며, 신의 이름으로 정의로운 응징을 계획하며 실행한다. 속셈이야 무엇이든, 그들은 신의 이름으로 자신들의 끔찍한 행위를 종교적으로 정당화한다.

도대체 신은 인간에게 무엇인가? 인간은 신을 통해 자유와 평화를 누리는가? 아니면 신은 인간의 피를 요구하는가? 신의 이름으로 처단된, 그리고 성스러운 전쟁에 동참하길 강요하는 무서운 힘에 대한 굴복 속에서 목격하게 되는, 한 무고한 젊은

이의 죽음을 망연히 바라보며 인간과 신의 관계에 대해 깊은 생각에 빠지게 된다.

한 종교가 강해지면 그 종교를 신뢰하며 열렬히 추종하는 세력의 문화는 활짝 피어나지만, 믿지 않는 사람들의 사고와 문화는 억압된다. 어떤 종교든지 신앙이 강해진다는 것은 위험한 측면을 갖기 마련이다. 자신이 추종하는 것이 절대적으로 옳다는 믿음이 강해질수록, 자신과 반대적 입장에 서 있는 사람들을 받아들이지 못하고, 죄악시하고 억압하는 잔혹한 독선에 빠질 수 있기 때문이다.

서양에서 기독교가 제도를 통해 강화되면서 세속적인 권력을 장악하였을 때 보여준 역사가 이를 실증해주고 있다. 잔인한 마녀재판과 살벌한 이단처단, 이교도에 대한 무자비한 응징 등 이 모든 잔혹성은 기독교를 중심으로 자라난 서구 중세 문화의 어둡고 우울한 단면이다. 서구의 중세를 암흑기라 말하는 데는 나름대로 다 이유가 있다.

중세 14세기에 즈음하여 기독교에 의해 버려지고 가려진 인간 중심의 문화와 정신을 통해 인간 본연의 모습을 탐구하려는 노력(studia humanitatis)이 이탈리아에서부터 나타나기 시작한다. 학문과 예술을 재생시킨다는 르네상스 시기의 인문주의자들은 이 암흑에서 벗어나기 위하여 고대 그리스 문화와 그 문화를 모방하여 새롭게 각색한 로마 문화를 빛으로 삼아 나아갔다. 중세 라틴어를 치우고 키케로가 완성한 고전 라틴어를 발굴하여 읽고 쓰면서, 라틴어 번역본을 접어두고 그리스어 원전을 읽으면서 그들은 고대를 지향하며 나아갔다. 거기서 그들은 인간이 자유를 누릴 때 얻는 각종 환희와 평안을 발견하였다. 신을 노래하며 이야기하되, 신에 의해 스스로를 억압하기보다는 신과 더불어 노래하며 움직이는 신화적 유희를 찾아낸 것이다. 축제와 향연, 음악과 시를 통해 신을 즐기던 그리스인들이 신과 시를 누리며 맛보던 자유, 곧 상상력과 시적 자유가 있었던 것이다. 인문주의자들은 고대 그리스·로마 문화를 고전으로 삼아 새로운 정신적 풍토를 일구어냈고, 거기서 근대성을 꽃피워나갔다. 자유로운 개인을 소중한 개체로 존중하는 사상과 철학을 새롭게 일구어 합리적 개인주의로 향하는 길을 열어나갔다. 현대 서구 문명은 어쩌면 고대 문화의 깊은 뿌리로부터 단단하고 검은 대지를 뚫고 나와 꽃피워 맺어진 거대한 결실일지도 모른다.

우리가 이 작은 책자를 통해 서구 사상의 깊은 저변에 넓게 깔려 있는 정신적 토양을 발견하고, 거기에서 그리스 시인들이 작품을 통해 신들과 더불어 누리던 환희와 자유가 무엇인지를 잠시라도 느낄 수 있다면 좋겠다.

무거운 분위기를 벗어나 이제 본격적으로 시작해보자. 실체로서의 신에게 자신을 얽매기보다는 인간의 삶과 존재의 비밀을 해명하는 속성으로서 신을 누리던 서구 문화의 시원, 그리스의 시인들의 노래를 들어보자. 화려한 영웅들의 이야기를 치밀한 구성으로 엮어놓은 호메로스, 정의와 질서를 갈구하며 신들과 인간의 역사를 상상력으로 구성했던 헤시오도스, 존재의 비밀을 웅장한 영웅시의 운율에 담은 철학자 파르메니데스를 통해 신비롭고 장엄한 서사시의 전통을 살펴보겠다. 자신을 가능한 한 시 속에 감추고 메시지를 드러내는 데 전념했던 서사시의 시대가 저물어갈 때, 동터오던 것은 서정시의 시대였다. 자신을 시 안에 드러내며 새로운 가치를 발견하려고 했던 아르킬로코스와 사랑의 감정과 사건을 솔직하고 감미로운 언어 안에 담아 읊던 사포의 서정시를 보겠다. 그리고 전설과 신화 속에 동시대의 살아 있는 영웅을 그려내어 죽음으로 한계지워진 인간을 영원의 지속 안에 남기려 했던 핀다로스의 시를 마지막으로 감상하겠다.

호메로스, 뮤즈(Mousa)²⁾의 목소리로 노래한 시인

서양 최초의, 동시에 최고의 문학작품은 고대 그리스의 서사시 『일리아스』이다. 우리는 이 서사시의 시인을 호메로스라고 부른다. 고대 그리스인들은 호메로스의 실존과 그의 서사시의 내용을 이루는 이야기의 역사적 사실성을 충실하게 믿었던 것 같다. 하지만 1664년 프랑스와 도비냑(François d'Aubignac) 이후, 1795년 『호메로스 입문 *Prolegomena ad Homerum*』을 내놓아 소위 '단일론-분석론' 논쟁을 불러일으킨 F.A.볼프(Wolf) 등 여러 고전문헌학자들은 호메로스라는 시인의 실존과 그 시인이 서사시 전체를 모두 썼다는 것에 대해서 강한 의혹을 매우 근거 있게 제기해왔다. 서사시 안에서 한 천재 시인의 창작성을 발견하는 단일론 계열의 학자들과 여러 천재들의 창조적 편린들이 엮어내는 조화로운 모자이크 또는 어설프고 난삽한 누더기를 발견하는 분석론자들의 대립은 『일리아스』만큼이나 흥미로운 일이다.[3] 하지만 누가 분명하게 알며 단정적으로 이야기할 수 있을 것인가? 솔직하게 말하자면 현재 우리는 알 수 없다. 호메로스가 실재 인물인지 아닌지를. 그가 서사시를 창작한 것인지, 아니면 입에서 입으로 전해져 오던 이야기를 모아 글로 남겼을 뿐인지를. 서사시가 그가 쓴 그대로 남아 우리에게 전해진 것인지, 아니면 그의 기록 이후 다른 사람들의 숱한 손길에 맡겨져 이리저리 손질되어 온 것인지를. 단지 분명한 것은 24권의 책으로 이루어진 15,649행의 대서사시가 전해져 우리 앞에 놓여 있다는 사실이다. 오랜 세월을 거슬러 전해져 오는 이 걸작을 우리는 경이로운 눈길로 바라본다.

기원전 약 1200년경, 지금으로부터 약 3200년쯤 전에 트로이에의 왕자 파리스는 세상에서 가장 아름다운 스파르타의 왕비 헬레네를 트로이에로 몰래 데려온다. 이 사건으로 인해 거의 전 그리스와 바다 건너 트로이에 왕국이 10년간의 전쟁을 치르게 된다. 아킬레우스와 헥토르, 아가멤논과 프리아모스, 파리스와 메넬라오스, 오뒷세우스와 아에네아스 등 빼어난 영웅들의 이야기는 전쟁 동안도, 전쟁이 끝난 뒤에도 두고두고 사람들이 모인 자리에서 이야기되고 또 이야기되었으리라. 그 이야기는 연회장의 밝고 얼큰한 분위기 속에서 음악이 더해져, 시가 되고 노래가 되어 입에서 입으로, 가슴에서 가슴으로 전해지는 전설이 되었으리라. 이 전설은 기원전 8세기 초 즈음에 최초로 문자로 기록되었으리라 추정된다. 이 전설을 글을 이용하여 웅장한 서사시로 만든 사람을 흔히 눈이 멀어 신의 음성에 귀기울일 수 있었던 호메로스라고 부른다. 수세기 동안 입에서 입으로 전해져 온 이야기를 그가 얼마나 충실하게 재현하고 있을까? 그는 천재적인 상상력으로 창작을 한 것인가, 아니면 단순하게 정리만 한 것일까? 전승의 과정에서 도대체 하나의 천재 시인의 개입을 인정해야만 하는 것일까? 아니면 여러 천재들의 창조적 편린들이 조화롭게, 때로는 혼란스럽게 얽혀 하나의 서사시를 이룬 것일까? 호메로스 문제라고 이름 붙은 이 질문은 도대체 말끔하게 판결이 날 것 같지 않다.

우리는 이 모든 문제를 뒤로 남겨두고, 역사가 우리 앞에 놓아둔 서사시 『일리아스』를 읽는다. 시의 맨 첫머리에서 시인은 하늘을 우러르며 이렇게 간청한다.

> 분노를 노래하소서, 여신이여, 펠레우스의 아들 아킬레우스의 / 파괴적인 분노를. 이는 무수한 고통을 아카이아인들에게 주었고, / 수많은 굳센 혼백을 하데스에게 보냈으며 / 영웅들 자신은 개들과 온갖 새들의 먹이로 / 만들고 있었지요. 그리고 제우스의 뜻은 이루어지고 있었나이다. / 노래하소서, 인간들의 왕 아트레우스의 아들과 고귀한 아킬레우스가 / 처음으로 서로 싸우고 갈라선 그 순간부터. (『일리아스』 1, 1-7)[4]

시인은 이제 청중 속으로 들어가 조용히 앉아야 하고, 초대받은 뮤즈는 시인과 다른 청중들 앞에 나타나야 한다. 시인들의 수호자 뮤즈는 시인의 간절한 부탁을 거절할 만큼 매몰차지 못하다.

노래에 목마른 이들 앞에서 그녀는 샘물로 솟구쳐 흐르는 목소리로 노래해야 한다. 노래하는 이는 여신이어야 하며, 여신을 청중 앞으로 불러들이는 데에 시인의 역할은 그칠 뿐이다. 그러나 시인은 청중 앞에 그대로 남아 서 있다. 그리고 노래한다.

진정 노래하는 이는 누구인가? 시인인가, 여신인가?

호메로스는 두 번째 서사시 『오뒷세이아』에서도 뮤즈에게 간청한다.

> 그 사나이를 나에게 말해주소서, 뮤즈여, 재주 많던 그 사나이를 / 트로이에의 신성한 도성을 파괴한 후 숱한 길을 떠돌아다닌 그는 / 수많은 사람들의 도시들을 보았고 그들의 생각을 이해했으며, / 바다에서는 갖은 고통을 폐부를 찌르는 깊은 고통을 겪었으니 / 이는 친구들의 목숨과 귀향을 구하려는 마음에서였습니다. / 하지만 그는 친구들을 구하지 못했지요 간절하게 원하고도./ 그들은 스스로 못된 짓을 저질러 파멸하였던 것입니다. / 어리석은 자들, 태양의 신 휘페이론의 소들을 / 잡아먹다니. 신께선 그들에게서 귀향의 날을 앗아간 것입니다. / 그 일에 관해서 어디서

건, 여신이여, 제우스의 따님이여, 우리에게도 말해주소서.
(『오뒷세이아』 1, 1-10)[5]

그리고 노래는 이어진다. 다음 부분을 노래하는 이는 누구인가? 그것은 호메로스며, 그가 뮤즈를 대신해서, 아니 뮤즈의 목소리로 노래하는 것이다. 노래의 신 뮤즈, 신들과 인간의 왕 제우스와 기억의 여신 므네모쉬네의 딸 뮤즈에 신들려 신들과 같은 영웅들의 이야기를, 아킬레우스의 분노와 오뒷세우스의 고통스런 여행담을 시로 읊는다.

이렇듯 시인은 신비로운 존재다. 종교 예식을 집례하는 거룩한 사제처럼 청중을 압도하는 신비로운 권위로 노래한다. 그의 입술은 신의 숨결이 향기로 퍼져 나오는 신비의 통로다. 신비의 샘이어서, 맑고 청아한 언어의 샘물이 흘러나와 경쾌한 강을 이루고, 거대한 평화를 머금기도 하고, 격렬한 폭풍을 뿜어내기도 하는 광활한 바다의 시를 펼친다. 장중한 선율에 격렬한 감정과 인물의 성격을, 찬란한 행위와 비극적인 사건을 언어에 담아 그려내는 시인의 모습은 경이롭다. 노래하는 시인은 신을 찬양하며, 두려움을 고백하고, 인간들의 운명을 신들의 뜻에 비춘다. 인간과 신의 세계를 얽어, 일상 속에서 사람들이 겪는 세계의 표상에 깊이 감추어진 비밀을 들려주는 것이다.

『일리아스』의 주제는 분노, 곧 아킬레우스의 분노다. 그의 분노는 10년간의 전쟁 끝에 마지막 정복지인 트로이에 성을 눈앞에 두고 닥친 재앙에서 시작한다. 그 재앙을 극복하기 위해 열린 회의에서 그리스 총 사령관 아가멤논과 그리스 최고의 전사 아킬레우스가 격돌한다. 아폴론 신이 내린 질병의 재앙에서 벗어나기 위해 아가멤논은 명예의 상으로 맞이한 처녀 크뤼세이스를 놓아주어야 했고, 아킬레우스는 자신의 명예의 상인 처녀 브뤼세이스를 아가멤논에게 빼앗기게 된다. 전쟁의 영웅 아킬레우스는 깊은 모욕감과 격렬한 분노를 느끼고 아가멤논과 다른 아카이아인들, 즉 그리스인들에 대한 복수심을 갖게 된다. 이렇게 서구 최초의 서사시 『일리아스』는 두 전사의 격돌로 시작한다.

처절한 분노와 절망감에 아킬레우스는 울부짖는다. 이때 그의 어머니 테티스는 깊은 바다로부터 땅위로 올라와 아들의 한탄을 듣고 난 후, 아들의 청원을 안고 신들의 거주지인 눈 덮인 올륌포스에 있는, 천상의 주재자 제우스에게로 올라간다. 두 영웅의 격돌에서 폭발한 아킬레우스의 분노는 바다 깊숙한 곳에서 올라온 테티스를 통해 하늘에 잇닿은 올륌포스로 올라 전 우주를 울린다. 그리고 이 사건은 이미 트로이에와 그리스 사이의 전쟁을 감싸고 포진해 있는 천상과 지상의, 바다와 지하의 모든 신들의 갈등과 연합을 더욱 복잡하고 빠르게 움직이게 만든다. 인간의 사건은 신들의 움직임과 깊게 맞물려 있고, 세계는 인간과 신의 상호 교감 속에 역사를 일구어낸다. 시인은 이 모든 사실들을 고스란히 기억하는 뮤즈 여신의 목소리로, 모든 것을 통찰하는 뮤즈 여신의 지혜로 인간의 사건과 신들의 운동을 엮어 전 우주의 울림을 노래에 담아낸다.

> 말씀하소서 이제 나에게, 뮤즈시여, 올림포스에 기거하시는 여신들이여 / 당신들은 여신들이라, 어디든 계시며, 모든 것을 아시나, / 우리들은 소문만 들을 뿐, 아무것도 알지 못하니 / 그 누가 다나오스인들의 지휘관이며 사령관이었는지. / 그 무리를 내가 이야기할 수도 거명할 수도 없나니. / 설령 내게 열 개의 혀와 열 개의 입이 있다 할지라도. / 지칠 줄 모르는 목소리와 강철 같은 심장이 내게 있다 할지라도. / 만일 올림포스의 뮤즈들께서 아이기스를 가진 제우스의 / 따님들께서 일리오스로 갔던 이들 모두를 기억치 못하신다면. / 하여 이제 함선들의 지휘관과 함선들을 모조리 말하겠나이다. (『일리아스』 2, 484-493)

뮤즈의 기억으로 움직이는 시인의 입은 시인의 지식과 기억과 운율의 인간적 한계를 넘어, 인간들의 현상을 넘어 신의 세계로 잇닿는다. 그의 노래는 보이는 현상과 현상의 보이지 않는 배후를 지탱하는 우주의 기저를 하나의 울림 속에 담아낸다. "음악이 없다면 삶은 하나의 오류다."[6] 그리고 신이 없을 때, 음악과 시는 현상 안에서 척박하고 얕게 맴돈다.

아킬레우스는 두 가지 운명 가운데 하나를 선택해야 한다. 젊어서 죽지만 불멸의 명성을 누릴 운명과 싸움을 피하고 집으로 돌아가 명예는 얻지 못하지만 평안하게 오래 살 운명. 그러나 그는 결연하게 목숨을 걸고 불멸의 명성을 택했다. 그런 그가 아가멤논에게 당한 모욕은 그를 고통스럽게 하고도 남는다. 그는 더 이상 아가멤논을 위한 전쟁에 참여할 수가 없다. 그가 당한 모욕을 기필코 앙갚음해야만 하므로, 모욕의 상처를 안고 불멸의 명성을 얻을 수 없으므로.

그가 빠진 그리스군은 전멸의 위기에 몰린다. 그러나 그가 계속 전투의 바깥에 머무를 수는 없다. 찬란한 무공을 세워 불멸의 명성을 얻어야 했기에.

이 딜레마 속에서 아킬레우스가 완고하게 주저앉아 있을 때, 그가 가장 사랑하던 친구 파트로클로스가 적장 헥토르에게 잔혹한 죽음을 당한다. 아폴론에 신들려, 아폴론의 힘으로 헥토르는 아킬레우스의 무장을 입고 번쩍이던 파트로클로스를 제압한다. 자신을 모욕한 저주스런 아가멤논의 파멸과 고통을 기다리던 아킬레우스는 그 고통의 절정에서 자기가 가장 사랑하던 전우의 죽음을 본 것이다. 이 역설적인 장면에서 아킬레우스는 새로운 분노에 휩싸인다. 친구의 죽음에 대한 처절한 슬픔으로, 적에 대한 불타는 복수심으로 그의 분노는 이글거린다.

이제 나는 가겠습니다, 사랑하는 사람을 죽인 자를 만나러 / 헥토르를. 그 언제든 죽음의 운명을 받아들일 것입니다. / 제우스가, 또 다른 불사의 신들이 끝내기를 원하신다면. / 헤라클레스의 힘도 죽음의 운명을 피하지는 못했습니다. 제우스 크로노스 아들 왕에게서 가장 사랑 받는 자였는데도. / 운명이, 헤라의 참기 힘든 분노가 그를 제압했던 것입니다. / 그처럼 나도, 만일 나에게도 똑같은 운명이 정해졌다면 / 눕겠습니다, 죽은 다음에. 하지만 지금은 훌륭한 명성을 얻으렵니다. / 트로이에 여인들과 가슴 불룩한 다르다니에 여인들이 / 양쪽 손으로 부드러운 뺨에서 / 눈물을 닦아내며 애타게 통곡하게 해주렵니다. / 알게 해주렵니다, 아주 오래 내가 전쟁에서 손떼고 있었던 것을. / 결코 나를 전투에서 막지 마십시오, 사랑하더라도. 나를 설득하지 못할 테니. (『일리아스』 18, 114-126)

이때 헤파이스토스 신은 아킬레우스를 위해 튼튼하고 화려한 문양의 방패와 불꽃보다 더 번쩍이는 가슴받이, 아름답고 정교한 투구와 유연한 주석으로 정강이받이를 만들어 그를 전투장 안에서 별처럼 찬란하게 빛을 뿜어내도록 해주었다. 포이보스 아폴론이 떠나간 헥토르를 향해 아테나가 함께 하는 아킬레우스는 돌진하고, 그를 죽여버린다. 그 모든 순간에 영웅들의 몸짓에는 신들이 함께 하며, 신들의 힘과 격정이 배어 있다. 그들의 행위는 누구도 막을 수 없을 신비한 힘으로 출렁이며, 그들의 행위는 신글에 의해시킨 거부 세이길 만글 힘에 충만하고 거침없이 폭발한다.

그를 노인 프리아모스가 맨 처음 보았다 두 눈으로 똑똑히 / 별처럼 반짝이며 들판 위를 질주하는 그를. / 그 별은 늦여름에 떠오르며 그 찬란한 광채는 / 돋보인다, 밤의 심연 속 수많은 별들 사이에서. / 이 별을 오리온의 개라는 별명으로 부른다. / 가장 찬란하지만 이것은 불행의 징조며 / 많은 열병을 가련한 인간들에게 가져다준다. / 꼭 그처럼 달리는 그의 가슴 위에서 청동이 빛나고 있었다. (『일리아스』 22, 25-32)

신에 의해 빛나고, 신에 의해 제어되는 영웅들. 그들은 과연 신들이 부리는 꼭두각시인가? 호메로스의 서사시에는 신과 영웅들이 만드는 세계와 우주가 웅장하게 맞물려 울리고 있다. 영웅들은 신들과 더불어 빛나며, 신은 영웅들을 통해 숭고한 힘으로 드러나 전 우주를 가득 채우고 있다. 그것은 영웅의 힘과 영광을 신의 수준으로 끌어올려, 할 수 있는 한 가장 웅장하게 표현한 것이라 말할 수 있을 것이다.

이제 전쟁은 끝이 났다. 아킬레우스에 의해 트로이에의 방벽이었던 헥토르가 죽고, 트로이에 성 전체가 오뒷세우스의 지략에 의해 거대한 목마의 말발굽 아래 짓이겨져 전쟁은 그리스인의 승리로 마침내 끝이 났다. 간신히 살아남은 패배자 트로이에인들은 아프로디테의 아들 아에네아스의 지휘 아래 새로운 트로이에 건설을 위해 이탈리아로 떠난다. 아에네아스의 여행과 새로운 트로이에 건설의 신화는 로마의 서사시인 베르길리우스의 서사시 『아이네이스』 속에 형상화된다. 승리자 그리스인들은 전리품을 안고 고향으로 돌아간다.

승리자도 패배자도 모두 폐허로 망가져 불타는 트로이에를 떠나간다. 아킬레우스의 아들 네오프톨레모스, 헤라클레스의 활과 화살로 파리스를 죽인 명궁 필록테테스, 아가멤논의 아우 메넬라오스, 달콤한 연설가 네스토르 등 많은 참전 용사들이 조국 땅으로 돌아갔지만, 모든 이들이 무사히 집으로 돌아간 것은 아니다. 최고의 영웅 아킬레우스는 파리스의 화살에 발뒤꿈치를 맞아 죽었고, 최고 사령관이었던 아가멤논은 귀국한 즉시 아내 클뤼타임네스트라와 그 정부 아이기스토스에 의해 무참하게 암살당한다. 아이스퀼로스는 아가멤논의 불행한 전설을 「오레스테이아」 삼부작 비극에 담아낸다.

트로이에 전쟁 승리의 일등 공신인 오뒷세우스는 숱한 고생을 겪으며 다시 10년을 떠돌게 된다. 이 이야기는 호메로스의 두 번째 서사시 『오뒷세이아』로 남는다. 그를 떠돌게 한 이는 바로 바다의 신 포세이돈. 자기 아들 폴뤼페모스를 눈멀게 한 오뒷세우스에게 화가 난 까닭에 그를 죽이지는 않되, 고향으로 돌아가지 못하고 힘겹게 이리저리 떠돌도록 만든 것이다. 오뒷세우스는 죽은 이들의 혼백이 그림자로 떠도는 지하의 땅 하데스 깊숙이 내려가보기도 하고, 세이런 자매들과 사람을 잡아먹는 스퀼라, 카륍디스라는 괴물들에게 생명을 빼앗길 뻔한 모험을 겪는다.

지금 오뒷세우스는 고난에서 잠시 벗어나 아름다운 불사의 요정 칼륍소의 품안에서 두 가지 선택의 기로에 서 있다. 고향으로 돌아갈 것인가? 여기에 영원히 남을 것인가? 트로이에 전쟁에 10년을, 귀향의 여정에 10년을 바친 오뒷세우스. 사랑하는 아내와 아들을 떠난 지 20여 년의 세월, 그는 요정의 품안에서 영원히 살아남을 평안함을 즐기지 못하고 고향 땅을 그리고 있다. 칼륍소는 오뒷세우스에게 마지막 선택의 기회를 준다. 이미 올륌포스 신들은 칼륍소에게 오뒷세우스가 원하기만 한다면 그가 그리워하는 고향으로 떠나도록 해줘야 한다고 압력을 가한 상태다. 오뒷세우스는 자신이 원하는 바에 따라, 넥타르와 암브로시아를 즐기며 아름다운 칼륍소의 품안에서 영원히 살 수도 있고, 아니면 이미 세월의 흔적이 아프게 그어져 젊음을 잃은 아내 페넬로페가 있는 그리운 고향 땅으로 돌아가 죽어야 할 인간으로 살 수도 있다.

제우스의 핏줄, 라에르테스의 아들, 많은 지략의 오뒷세우스 / 그토록 집으로, 사랑하는 고향 땅으로 / 곧장 지금 가고 싶어하시는가요? 그리하면 그대 잘 가세요. / 고향 땅에 이르기 전 그대에게 닥칠지 모를 / 수많은 고통에 찬 운명을 만일 그대가 마음 깊이 알게 된다면 / 여기 바로 이곳에 나와 함께 남아 이 집을 지키며 / 불사의 몸이 되려 할 텐데. 아무리 그대 아내를 간절하게 / 보고 싶어한다 해도, 그녀를 언제나 그 모든 나날 그리워해도 / 실로 나는 그녀

보다 못할 게 없다 자부한다오. / 몸매로도 체격으로도, 정
말 당치 않은 일이지요. / 죽을 운명의 여인들이 죽지 않을
존재들과 몸매와 외모에서 겨룬다는 것은. (『오뒷세이아』 5,
203-213)

고통은 더 이상 없을 것이며, 신처럼 영원한 젊음과 평안함
을 누리며, 영원히 시들지 않을 아름다움을 뽐내는 요정과의
즐거운 나날들을 보낼 수 있는 오뒷세우스. 그러나 집으로 돌
아갈 경우엔 이미 중년의 나이로 시들어가고 있는 아내 페넬
로페와 더불어 노년을 맞이하고 죽음을 겪어야 할 인간적인
삶을 보내야만 한다.

그럼에도 불구하고 오뒷세우스는 죽음으로 한정된 자신의
운명을 고스란히 받아들이며, 이타카 섬에서 자신을 기다릴
페넬로페와의 만남을 선택한다. 죽을 수밖에 없는 유한한 존
재인 인간. 그러나 불멸과 영원을 꿈꾼다. 그 꿈은 그의 삶 속
에서 끊임없이 그의 앞에 놓이는 여러 선택의 기로에서 결단
의 힘으로 작용한다. 서사시의 영웅들이 결단을 내리는 순간
에 가장 크게 작용하는 것은 영원히 빛날 명예의 꿈이다. 죽어
그 이름이 욕되지 않기 위하여, 죽은 후에도 지워지지 않고 또
멋지게 남을 명성을 꿈꾼다. 죽음으로만 빛날 그것. 호메로스
서사시의 영웅들은 그래서 모욕을 견디지 못하며, 냉냉아게
죽음에 맞선다. 죽음을 피할 방법을 고려하지 않는다. 죽음을
원하지 않되, 죽음을 두려워하지 않고, 피하지 않는 태도 오

뒷세우스의 선택은 분명하다.

고귀한 여신이여, 그 때문에 내게 노여워 마소서, 나 자
신도 / 그 모든 걸 잘 알고 있으니, 사려 깊은 페넬로페가
그대보다 / 외모로도 체구로도 마주 앉아 보기에 훨씬 못한
까닭에 / 실로 그녀는 죽기 마련인 존재, / 그대는 죽지도
늙지도 않을 존재. 하지만 그토록 난 날마다 바라며 그리고
있습니다. / 집으로 돌아가는 귀향의 날을 볼 수 있기를. /
만일 다시 신들 중 누군가 포도주빛 바다에서 난파시킨다
해도 / 참을 것입니다 가슴 깊이 고통을 견디는 굳센 마음
있으니 / 내 이미 많은 일을 겪고 많은 고생했지요 / 파도
속에서도 전쟁터에서도. 이것들을 그것과 함께 있게 하세요.
(『오뒷세이아』 5, 205-224)

고통과 괴로움이 또다시 앞에 놓여 있다 하여도, 그의 선택
은 인간적인 것에 있다. 그는 신을 우러르되 신이고자 하지 않
는다. 인간적인 조건 안에서 신을 지향하며 영원을 지향한다.
나무처럼, 하늘을 향해 상승하려는 욕구를 언제나 가지로 잎
으로 꽃으로 뻗어 올리는 나무처럼. 그러나 그는 언제나 뿌리
를 땅에 박고 있어야 한다. 뿌리가 땅에서 뽑힐 때, 하늘에 대
한 희망과 지향, 상승의 꿈은 죽어버린다. 하늘은 드높아 나무
에 닿지 않지만, 나무의 꿈을 아름답게 드리운다.

죽음으로 더욱 아름다운 인간의 삶. 신은 불멸의 힘으로 죽

을 수밖에 없는 인간의 한계를 돋보이며, 영원을 소망하는 인간들의 꿈에 숭고한 광채를 드리운다. 죽음 안에 타오르는 영원에 대한 갈망, 목마름. 죽음에 맞선 치열한 삶과 죽음으로 닫히는 영원의 꿈. 그러나 그것은 영원히 지속한다. 그의 뒤를 이어 태어나는 인간들의 역사 속에, 역사의 기억 속에, 인간들의 꿈속에. 그리고 그들을 영원히 노래할 시인들의 숭고한 시(詩) 속에서.

헤시오도스, 뮤즈가 가르친 시인

　　호메로스의 두 서사시 『일리아스』와 『오뒷세이아』에 이어 그리스 문화사에 등장하는 것은 헤시오도스의 서사시다. 주목할 만한 폭발적인 인구증가가 있었던 기원전 8세기 무렵, 식량수요는 급증했고, 때마침 일어난 철기문명의 확산으로 튼튼한 철제 농기구는 급증한 인구와 함께 많은 땅을 일구어냈다. 세습적인 독재체제는 무너지고, 경작할 땅을 많이 소유한 자유시민이 등장하며, 서로에 대해 독립성과 대등한 연대의식을 갖는 도시국가 폴리스가 발생한다. 고전적 아테네의 특징이 서서히 성립되기 시작한 것이다. 이제 호메로스가 노래한 전쟁의 영광은 물론, 다른 한편으로 자유를 획득하기 시작한 개인들이 사회와 자연과의 관계 안에서 갖게 되는 노동의 의무와 정당성을 뒷받침해줄 도덕적 가치관의 정립이 요구되고 있었다. 이와 같은 시대적 상황 속에서 헤시오도스의 시는 호메로스의 서사시에서와는 또 다르게 사회적 이념과 공동체 의식을 형성하는 데 크게 기여한 것으로 평가된다.

플루타르코스는 스파르타의 클레오메네스가 호메로스를 전쟁의 전문가로, 헤시오도스를 농업의 전문가로 평가했다는 말을 전해주고 있다. 결국 호메로스는 전쟁의 영광을 통해, 헤시오도스는 노동의 정의를 통해 그리스 정신을 이야기한 것이라고 볼 수 있다.

한편 크세노파네스나 헤로도토스 등 대표적인 그리스 역사가들은 두 서사시인이 약간의 연배 차이를 보이는 동시대인이라고 기록하고 있다. 심지어 두 시인이 서사시 경연대회에서 경쟁하였으며, 신예인 헤시오도스가 호메로스를 누르고 우승했다는 전설마저 들려온다.[7] 실제로 헤시오도스는 시가(詩歌) 경연 대회에서 우승한 전력을 자신의 시 속에 써넣었다.

> 내 말하노니, 그곳에서 나는 / 찬가로 승리한 후 손잡이 달린 세발솥을 받았다. / 그것을 나는 헬리콘 산 뮤즈들에게 바쳤으니 / 그곳에서 그들이 나를 처음 청아한 노래로 듣게 하였기에. (『일과 날』 655-659)

호메로스의 서사시에서 뮤즈는 시인의 입을 빌려 인간들의 이야기와 그것과 엮여 있는 신들의 이야기를 교향악처럼 웅장하게 노래했었다. 처참한 전쟁과 아슬아슬하게 소용돌이치는 삶의 현장 속에서 이루어지는 인간들의 사건들을 보여주면서, 세계와 역사를 움직이는 감추어진 축이며, 원동력인 신들의 세계와 운동, 그들의 힘을 드러내 보여주었던 것이다.

이제 헤시오도스는 뮤즈를 통해 신들의 이야기를 인간들 앞에 내놓으려 한다. 서사시 『일과 날』에서 시인은 뮤즈에게 최고의 신, 인간들의 신이며 신들의 왕인 제우스를 이야기해 달라고 요청한다. 요청 속에서 이미 제우스에 대해 시인이 부르는 찬미의 노래가 높이 울린다. 인간의 역사를 움직이는 원동력에는 눈에 보이는 현상의 이면에 거대하게 조직되어 감추어진 신들의 세계가 있다는 사실을 직시한 것이다.

뮤즈 여신들이여, 피에리에로부터 노래로 영광을 드러내는 여신들이여, / 오셔서 제우스를 말씀하소서, 당신들의 아버지를 찬양하면서. / 죽을 수밖에 없는 인간들은 그로 인해 명성을 얻지 못하기도 얻기도 하며, / 화제가 되기도 안 되기도 하나니, 이는 위대한 제우스 때문입니다. / 실로 손쉽게 힘을 주고, 손쉽게 강한 자를 어렵게 하며, / 찬란한 자를 손쉽게 작게 하며, 희미한 자를 크게 하며, / 굽은 자를 손쉽게 곧게 펴며, 빼어난 자를 시들게 하는 이, / 드높은 곳에서 천둥치는 제우스, 지고한 곳에 거하는 이여, / 보고 들으시며 귀기울이소서. 정의로 법도를 올곧게 세우소서 / 그대여. 나는 페르세스에게 참된 것을 말하고자 합니다. (『일과 날』 1-10)[8]

제우스를 찬양한 시인은 이어 인간 세상에 일어나는 두 가지 불화의 원인 그리고 그에 따른 갈등의 분쟁과 비옥한 경쟁을, 정의의 원칙을 신에 의존해 밝혀내고, 땅을 갈며 땀을 쏟아 넣어 곡식과 포도를 일구어내는 노동의 원리를 신의 섭리에 비추어 꼼꼼히 읊어준다.

　　노동은 인간 생존 조건의 원천으로 그 저변에는 신의 의지와 축복이 신성하게 흐르고 있다. 헤시오도스가 노래하는 것은 바로 이것이다. 소중한 것을 얻기 위해 땀을 흘리도록 신들이 정해놓았다는 사실을.

　　노동은 인간들에게 일종의 숙명인 셈임을. 게으름은 수치이며, 일하지 않고도 편안함과 부를 누리려는 것은 파렴치한 행위임을. 그리고 신들과 인간들은 기꺼이 성실하게 일하는 자를 사랑한다는 사실을.

　　호메로스가 전쟁을 배경으로 찬란한 영웅들의 활약을 그려낸 반면, 헤시오도스는 영웅시대가 가버리고 찾아온 다소 암울하고 무질서한 철(鐵)의 시대를 배경으로 질서와 정의를 호소하는 시를 지었던 것이다. 어지러운 현세 속에서 '제우스의 마음'을 말하도록 '뮤즈들은 신들조차 형용하지 못할 놀라운 찬가를 부르도록' 헤시오도스를 가르쳤던 것이다 (『일과 날』 661).

　　하지만 그대. 우리들의 충고를 언제나 기억하고 / 일하라, 페르세스, 고귀하게 태어난 이여. 그대를 굶주림(Limos)이

혐오하도록. / 그대를 사랑하도록 고운 화관 둘러쓴 데메테르 / 고귀한 이가, 곡식으로 그대 창고를 가득 채우도록. / 굶주림은 실로 온전히 일하지 않는 자의 동반자인 것. / 그에게 신들도 인간들도 화를 내는 법, 일하지 않고 / 살아가는 자에게. (『일과 날』 299-303)

인간의 노동, 역사 그리고 정의. 이 모든 가치의 이면에는 신의 섭리와 역사가 숨겨져 있다. 그러나 헤시오도스는 더 근본적인 데에서 문제를 던지고, 그 문제의 해답을 제시하려고 한다. 헤라클레스, 이아손, 앙키세스와 로마를 건국한 아에네아스와 승리자 오뒷세우스. 쟁쟁한 영웅들의 전설적인 계보를 거슬러 올라가며, 철의 시대로부터 황금의 시대의 인간으로 인간의 역사를 되짚어보며 인간의 탄생을, 그리고 인간의 탄생을 넘어 신들의 탄생의 줄거리를 노래하길 원한다. 그 노래는 우주와 만물의 근원에 대한 물음에 대해 뮤즈가 전해주는 시인의 대답이다.

헤시오도스는 『신통기(神統記) Theogonia』에서 혼돈의 태초 카오스(Khaos)로부터 암흑 에레보스(Erebos)와 어두운 밤 뉙스(Nux), 천공 아이테르(Aithêr)와 낮 헤메레(Hêmerê)가 나눠지며, 빛과 어둠의 사이로 땅 가이아(Gaia)가 움터 나와 지평으로 퍼지고 하늘 우라노스(Ouranos)가 열리는 광경을 아찔한 속도로 장중한 서사시의 운율에 담아 단숨에 그려내고 있다. 땅 가이아는 왕성한 생산력으로 하늘과의 교접을 통해 대양 오케아노스(Okeanos)와 하늘의 숱한 별들과 땅의 온갖 현상들을 낳고, 마침내 시간 크로노스(Khronos)를 낳는다. 그가 보여주는 힘찬 세계는 신으로, 신의 힘으로 역동한다. 인간의 탄생에 이르기까지, 인간들의 역사가 발동하기까지의 노래는 어쩌면 존재의 근원, 만물의 원초적 인자(因子) 아르케(arkhê)를 찾아 지침 없이 질문을 던지며 그 해답을 모색했던 고대 그리스의 철학자들의 정신 속에 깊은 울림으로 남아 있었으리라. 가히 헤시오도스의 시는 존재의 근원을 탐구하는 철학적인 질문의 시작이며, 그 형이상학적인 질문에 대한 신화적인 해답이라고 할 수 있을 것이다.

하지만 그는 이미 모든 세계가 창조되어 숱한 기간 운동해 이루어진 세계의 현재를 살고 있고, 현재 이전을 알지 못한다. 알지 못하는 것을 위해 역사와 시간 속에 감추어진 이야기를 되살려내기 위해, 그는 모든 것을 기억하고 있는 뮤즈를 찾는다. 뮤즈로부터 힘을 받아 신들과 세계의 원천을 노래하려고 한다. 그런데 이 모든 존재의 비밀을 밝혀줄 뮤즈 여신들은 도대체 어떤 신들인가? 헤시오도스는 자신의 노래와 시에 신뢰를 보증해줄 뮤즈로부터 자신의 시를 시작하게 된다.

뮤즈들, 헬리콘 산의 여신들로부터 우리 노래를 시작해자. / 이들은 헬리콘의 우람하고 신성한 봉우리를 차지하고 / 보랏빛 샘물 주위를 부드러운 발길로 돌며 / 춤을 추나니

크로노스의 강력한 아들의 제단을 돌며. / 곱디고운 살갗을
페르메소스 샘에서나 / 히포크레네 샘에서나 성스러운 올메
이오스 샘에서 씻고 / 헬리콘 산 높은 곳에 가무단을 만들
어 / 아름답고 매혹적인 발놀림을 사뿐히 부렸으니 / 그곳에
서 일어나 두터운 안개로 가린 채 / 밤들이 거닐며 참 아름
다운 목소리 내며. (『신통기』 1-10)

뮤즈 여신들의 맑고 단정한, 고결한 자태가 섬세한 언어로
그려지고 있다. 안개가 자욱한 산, 밤 풍경은 신비로운 분위기
를 만들고, 그곳에서 보일락 말락 뮤즈 여신들은 기막히게 아
름다운 목소리로 신비한 노래를 부르며 춤을 춘다. 존재와 우
주의 비밀……인간의 삶의 근원…… 인간으로서는 가히 손댈
수 없는 영역을 뮤즈들은 노래한다. 그들이 어우러져 추는 군
무는 경쾌한 발놀림으로 신성한 산을 울리며, 그 소리는 산을
안개처럼 두른다. 그들의 노래는 위대한 신들과 그들의 세계
와 사건을 이야기하기 위해 전 우주에 울린다.

찬양하나니, 아이기스를 지닌 제우스와 고귀한 헤라 / 아
르고스의 여신을, 황금의 샌들을 신고 걸음 내딛는 분을, /
아이기스를 지닌 제우스의 딸 빛나는 눈의 아테나를, / 포이
보스 아폴론과 활을 비처럼 쏘아대는 아르테미스를, / 땅을
붙들고 땅을 흔드는 포세이돈과 / 존경스런 테미스와 휘도
는 눈썹의 아프로디테를, / 황금관을 쓴 헤베와 아름다운 디

오네를 / 에오스와 거대한 헬리오스 그리고 빛나는 셀레네를 / 레토와 이아페토스, 그리고 음흉한 계략의 크로노스를, / 가이아와 거대한 오케아노스, 그리고 검은 뉙스를, / 영원히 존재하는 다른 불멸의 성스러운 종족을. (『신통기』 11-21)

    시인이 노래하는 대상은 우주와 자연 현상의 배후에 깔린 신의 힘이다. 땅은 단순히 땅이 아니며, 땅 가이아의 신에 의해 지탱되고 깔려 인간을 떠받치고 있는 것이며, 바다는 단순히 바다가 아니라 대양 오케아노스와 포세이돈에 의해 땅을 받치고 두르며, 일렁이는 것이다. 하늘의 태양 헬리오스와 달 셀레네도. 동터오는 여명 에오스와 짙어오는 밤 뉙스도. 만물의 실상은 보이는 그대로의 것만은 아니다. 시인은 자연의 각종 대상과 현상을 있는 그대로만 보지 않고 신비로운 힘으로, 불멸의 성스러운 존재들이 감춰진 것으로 본다. 그리고 그 힘이 자연 현상으로 드러난다고 보고 있다. 그의 시는 현상의 단순한 모방이 아니라, 현상의 이면을 꿰뚫어 보는 놀라운 형이상학적 통찰의 표현이다. 이것은 오로지 신비로운 기억과 지혜의 힘을 가진 뮤즈를 통해서만 이루어질 수 있는 경이로운 실천이다.

    헤시오도스의 시는 그렇게 뮤즈로부터 배워 얻게 된 뮤즈의 선물이었던 것이다. 뮤즈 여신들이 들려주는 신들의 이야기는 성스럽다. 위대한 신들은 찬양 받아 마땅하다. 그 노래는 이제 시인의 몫으로 주어진다. 뮤즈 여신은 헤시오도스를 택해 가르친다. 자신을 대신해서 인간들의 언어로 인간에게 신들을 노래할 수 있도록. 우리는 지금 뮤즈 여신들의 가르침으로 노래하는 한 시인의 이야기를 본다.

그들은 어느 날 헤시오도스에게 아름다운 노래를 가르쳐 주었다. / 신성한 헬리콘 산자락에서 양을 치고 있는 나에게. / 바로 이런 이야기를 여신들은 나에게 처음 해주었지. / 올륌포스에 사는 뮤즈들, 아이기스를 지닌 제우스의 딸들이. / "들판을 누비는 목자들, 못난 치욕이여, 한갓된 배[腹]들이여 / 우리는 알고 있다 많은 거짓들이 참된 것을 닮게끔 말할 줄을 / 우리는 알고 있다 우리가 원할 때는 진실을 들려줄 줄을" / 이렇게 말했다 위대한 제우스의 때맞게 말 잘하는 딸들은. / 그리고 나에게 홀을 건네었다, 왕성한 월계수의 가지를 / 꺾어주었다, 그 놀라운 것을. 그리고 나에게 불어넣었다, 목소리 / 그 신비한 것을, 일어날 일들과 일어났던 일들을 명예로이 드높이도록. / 그리하여 나에게 명하였다, 영원히 존재할 복된 족속을 찬양하라고, / 자신들에 관하여 처음부터 끝까지 영원토록 노래하라고. (『신통기』22-34)

먹고살기 위하여 이리저리 들판을 떠돌며 열심히 양을 치던 목자 헤시오도스. 그런 그가 시(詩)를 알았을 리 없다. 그는 개화도 계몽도 되지 않은 자연인이었다. 그에게 뮤즈가 나타나 참된 것을 닮은 거짓과 참된 것을 말할 능력을, 앞으로 일어날 미래의 일들과 옛날에 일어났던 과거의 일들을 말할 수 있는 능력과 권위를 주고 있다. 헤시오도스는 더 이상 주린 창자를 채우기 위해 먹을 것을 찾아 헤매는 목자가 아니다. 그의 입에선 이제 뮤즈의 숨결이, 신비로운 목소리가 흘러나오며, 놀랍고 신성한 이야기들이 나온다. 이제 뮤즈를 대신해서 위대한 신들을 노래한다. 뮤즈의 임무를 고스란히 이어받는다. 실로 인간이 땅으로부터 머리를 들어 하늘을 우러르고, 단지 생존을 위해 이리저리 헤매는 방황을 멈추고 노래를 하며 시를 읊을 수 있게 되었다는 것. 이처럼 신비로운 일이 또 있을까? 우리는 헤시오도스를 통해 인간이 신과 맞닿게 되는 사건을 짐작하게 된다. 우리네 인간들이란 이렇게 시를 누리게 되었다. 이것은 인간을 찾아온 신의 선물이었다. 이때 헤시오도스는 누구보다도 자신을 시인으로 가르쳐준, 그 숨결을 불어넣어준 뮤즈를 가장 먼저 노래하게 된다. 감격스런 그의 노래에 긴 호흡 그대로 귀기울여보자.

그대여, 우리 뮤즈들로부터 시작하자, 그들은 아버지 제
우스의 / 숨결로, 신에 계시 그의 위대한 정신을 화야으로
흥겹게 하니, / 일어나고 있는 일과 일어날 일, 그리고 일어
났던 일을 화합의 목소리로 / 이야기하며. 지치지 않는 달콤
한 목소리가 그들의 / 입에서 흘러내린다. 천지를 울리는 제

우스의 / 집이 웃는다. 여신들이 퍼뜨리는 백합꽃 목소리에 눈 덮인 올륌포스 산봉우리와 / 신들의 집이 울린다. 여신들은 불멸의 목소리를 뿜어 / 신들의 존경스런 종족을 우선 노래로 찬송하나니, / 태초부터, 가이아와 드넓은 우라노스가 낳은 신들을. / 그리고 그들로부터 생겨난 신들은 축복을 베푸는 존재니 / 두 번째로 이젠 제우스, 신들과 인간들의 아버지를, / [시작할 때도 찬양하네, 여신들은 노래를 멈출 때에도 역시][9] / 얼마나 그가 신들 가운데 가장 빼어나며 힘에 있어 위대한지를. / 이어 사람들과 힘센 거인 종족을 / 찬양하며, 올륌포스 안에 계신 제우스의 정신을 즐겁게 한다, / 올륌포스에 사는 뮤즈들, 아이기스를 지닌 제우스의 딸들은. (『신통기』 36-52)

뮤즈 여신들은 태초의 비밀과 우주의 탄생과 역사를 알고 있으며, 신들의 탄생과 그들의 계보와 역사를 불멸의 목소리로, 영혼으로 찬미한다. 그 찬미에 불멸의 신들은 즐거워한다. 시인의 노래는 시인의 상상력에서 솟아나는 것이 아니며, 그의 아버지를, 그 아버지의 아버지를 거쳐 입에서 입으로 전해져 내려온 것만은 아니다. 그 전설의 마지막에는 모든 것을 기억하는 신비로운 힘, 뮤즈의 기억이 존재하며 모든 전설의 근원에는 뮤즈의 샘이 있다. 그로부터 모든 신비로운 역사의 비밀은 인간들에게 드러난다. 그 여신들이 어떻게 이 모든 사실들을 기억하며 시인에게 가르쳐주고 있는 것일까? 시인의 노래. 그 노래의 근원은 시인의 기억력일까? 하지만 그렇더라도 그것은 인간적인 차원에서 이루어지는 생리적이고 물질적으로 설명 가능한 뇌의 물리적 작용만은 아니다. 오히려 그것은 태초와 기나긴 역사를 기억하는 신에 힘입어 인간 안에서, 인간을 통해 이루어지는 신비로운 사건인 것이다. 시인은 뮤즈의 기억에, 그 여신들의 어머니 기억의 여신 므네모쉬네의 권위에 힘입어 드높이 노래할 수 있는 것이다. 헤시오도스는 시인의 힘, 뮤즈의 탄생을 뮤즈의 가르침에 따라 노래한다.

그 여신들을 피에리에 산에서 낳았다, 크로노스의 아들 그 아버지와 / 몸을 섞은 므네모쉬네가, 엘레우테르 산마루를 다스리는 이가 / 고통을 그치게 할 이들을, 근심걱정 멈추게 할 이들을. / 아홉 밤을 그녀와 몸을 섞었지. 지략의 제우스는 / 불사의 신들에서 멀리 떨어져 신성한 침대로 오른 것이다. / 일 년이 다 되었을 때, 계절이 한번 다 돌아 / 달들이 다 지나 사라지고, 숱한 날들이 다 찼을 때, / 그녀는 마음이 한결같은 아홉 소녀를 낳았으니, 그들에겐 노래만이 / 유일한 관심사일 뿐, 근심 없는 생기 가득 찬 그 가슴속에는. / 눈 덮인 올륌포스 드높은 정상 조금 떨어진 / 그곳에 그들의 윤기 나는 춤터와 아름다운 거처가 있고, / 그 가까이에 은혜 카리스와 욕망 히메로스가 집을 갖고 있으니, / 여신들은 축제를 열고, 입으로 사랑스런 음성을 뿜어내고 / 가무를 베풀며, 모든 불사신들의 법도와 고귀한 습성을 / 드

높이 찬양한다, 사랑에 넘치는 음성을 뿜어내며 / 그들은 곧
올륌포스로 갔다, 아름다운 목소리와 / 불멸의 노래로 즐거
이 단장하고. 그 주위로 검은 땅은 메아리쳤지, / 찬양의 노
래로. 그 아버지 집으로 향하여 갔을 때 그들의 발밑으로 /
사랑스런 소리가 튀어 올랐다. 그분은 하늘의 왕 노릇 하나
니 / 몸소 천둥과 번쩍이는 번개를 갖고. / 힘으로써 아버지
크로노스를 제압한 후에. 훌륭하게 일마다에 / 불사의 신들
에게 법도를 정하시고 명예를 설명하셨다. / 자 이렇게 뮤즈
들이 노래하였다, 올륌포스에 거처를 가진 여신들, / 위대한
제우스에게 태어난 아홉 딸들은. / 클레이오, 에우테르페, 탈
레이아, 멜포메네, / 테륍시코레, 에라토, 폴뤼휨니아, 우라
니에, / 그리고 칼리오페가…… (『신통기』 53-79)

인간들과 신들의 왕 제우스와 기억을 관장하고 보증하는
기억의 신 므네모쉬네 사이에서 태어난 아홉 딸들이 바로 뮤
즈다. 태초로부터 처음 혼돈의 신 카오스가 있었고, 그로부터
나온 대지의 여신 가이아는 하늘의 신 우라노스를 낳고, 그와
동침하여 아들 여섯과 딸 여섯을 낳는다. 대양의 신 오케아노
스, 하늘의 덮개 코이오스(Koios), 높은 곳을 달리는 휘페리온
(Huperion)과 크리오스(Krios), 이아페토스(Iapetos) 그리고 시간의
신 크로노스(Khronos)가 여섯 아들이며, 테이아(Theia), 동물의 안
주인 레아(Rheia), 기억의 여신 므네모쉬네(Mnêmosunê), 포이베
(Phoibê), 테튀스(Têthus) 그리고 이치의 신 테미스(Themis)가 있

다. 이 가운데 시간 크로노스는 모든 동물을 다스리는 레아를 아내로 맞아 하데스(Hades), 포세이돈, 헤스티아스(Hestias), 데메테르(Dêmêtêr), 헤라를 낳고 마지막으로 제우스를 낳는다. 막내 제우스가 고모뻘 되는 므네모쉬네와 결합하여 아홉의 뮤즈 여신들을 낳은 것이다.

헤시오도스가 이름만 소개하고 있는 아홉 뮤즈들에게 후대의 고대 로마인들은 전통을 따라 음악과 시가, 학문의 여러 장르들을 맡겨준다. '소문과 명성'의 클레이오(Kleiô)에게 역사를, '아름다운 기쁨' 에우테르페(Euterpê)에게 아울로스(피리) 연주와 그 합창 서정시를, 지팡이와 웃는 가면을 들고 다니는 모습을 한 '축제'의 탈레이아(Thaleia)에게 목가(牧歌)와 희극을, 슬픈 가면과 운명의 몽둥이를 들고 다니는 모습을 한 '노래와 춤'의 멜포메네(Melpomenê)에게는 비극을 맡겨두었고, '춤과 노래의 즐거움' 테릅시코레(Terpsikhorê)에게 뤼라(lura)와 그 반주에 노래되는 서정 합창시를, '사랑'의 에라토(Eratô)에게는 서정시의 일부를, 입에 손가락 하나를 대고 명상하는 모습으로 그려진 '수많은 찬양의 노래' 폴뤼휨니아(Poluhumnia)에게는 신의 찬가를, 나팔과 물시계를 들고 있는 모습의 '하늘의 여신' 우라니에(Ouraniê)에게는 음악적인 질서로 운동하는 하늘을 넘어서는 진리의 마음을 부여했다. 그리고 마지막으로 '아름다운 목소리' 칼리오페(Kalliopê)에게는 장대한 서사시와 달콤한 연설의 기교를 맡긴다. 헤시오도스는 아홉 뮤즈들 가운데 나중에 최고의 전설적 가인(歌人) 오르페우스를 낳게 되는 칼리오페를 가장 뛰어난 뮤즈로 지목한다. 서사시는 물론, 음악과 시가와 더불어 고대 그리스 문화에 가장 중요한 역할을 하는 연설의 기술, 설득의 기교로서의 수사학이 뮤즈 칼리오페의 선물로 소개되기 때문이다.

그리고 칼리오페가— 이는 모든 이들 가운데 가장 뛰어나니 / 존경을 불러일으킬 왕들을 그녀가 더불어 수행하는 까닭에. / 누구든 위대한 제우스의 딸들이 명예롭게 하는 자 / 제우스가 기르는 왕들 가운데 태어날 때 그를 그들이 보며 / 그의 혀에 달콤한 이슬을 붓나니 / 그의 입에서는 꿀 같은 낱말들이 흘러나온다. 사람들은 / 모두 그를 주목하고 있다 올곧은 정의로 / 법도를 분별하여 정하는 그를. 그는 실수 없이 연설을 하며 / 즉시 뭔가 중대한 분쟁을 요령 있게 해결한다. / 이로써 현명한 왕들은 해를 입을지 모를 / 대중들에게 아고라에서 일을 되돌려놓기를 이루나니 / 쉽사리 달콤한 말로써 권고를 하며 / 논쟁터로 나가는 그를 신처럼 맞이하며 / 존경스런 그 감미로움으로 인해, 그는 모여든 사람들 가운데 돋보이나니 / 이것이 인간들에게 준 뮤즈들의 신성한 선물이다. (『신통기』 81-93)

뮤즈의 목소리에는 분쟁의 와중에 화해와 평화를 창조하는 힘이 있다. 뮤즈의 신비로운 힘은 꿀처럼 달콤한 목소리로 지혜로운 생각을 표현하는 지도자의 모습 속에서 드러난다. 시와 노래뿐만 아니라 토론과 논쟁이 있는 곳에서 타협을 일구어내며, 훌륭한 방책을 제시하는 합리적인 연설가의 모습 속에서도 뮤즈의 음성을 듣게 된다. 음악처럼 흐르며, 시처럼 울리는 아름다운 연설 또한 뮤즈가 인간들에게 내리는 또 하나의 선물인 것이다. 고대 그리스 민주주의를 배경으로 꽃피어난 연설의 수사학, 그 뿌리는 서사시·서정시·비극·희극으로 대표되는 시학의 뿌리와 한데 모아져 뮤즈의 지혜에 잇닿아 있다. 인간들 사이에서 즐거움과 위로, 화해와 일치를 일구어내는 뮤즈의 노래는 아폴론의 반주와 함께 신들의 세계 속에서도 같은 효과로 울려 퍼진다.

　　이렇게 신들은 해질 때까지 온종일 잔치를 벌였다. / 진수성찬을 나누어 먹은데다 아폴론이 더할 나위 없이 아름다운 / 포르밍크스를 연주하고, 뮤즈 여신들이 번갈아 / 고운 목소리로 노래하니 모두들 마음에 부족한 게 아무것도 없었다. (『일리아스』 1, 601-604)

　　제우스와 헤라 사이에 살벌하게 흐르는 갈등의 분위기가 아폴론의 음악과 뮤즈의 노래에 의해 화해의 분위기로 전환되는 『일리아스』의 한 장면을 헤시오도스의 서사시에서도 다시 한번 듣는다.

　　뮤즈들과 멀리 쏘는 아폴론으로부터 / 시인들과 키타라

연주가들이 이 땅 위에 있게 되었고 / 제우스로부터 왕들이
있게 되었나니. 뮤즈들의 / 사랑을 받는 자 행복하도다. 달
콤한 목소리가 그 입에서 흘러나오니. / 누군가가 다시 솟는
시련의 마음에 걱정을 가지고 / 가슴으로 근심하여 한탄할
지라도, 시인은 / 뮤즈 여신들의 시종으로 조상들의 명성과
/ 올륌포스를 가지고 있는 축복 받은 신들을 노래할 것이다.
/ 그러면 곧 근심하던 그는 걱정을 잊으며 / 그 어떤 시련을
다시 떠올리지 않으리. / 신들의 선물이 곧 그 마음을 돌려
놓기에. (『신통기』 94-103)

뮤즈가 인간에게 주는 선물─그것은 영웅들이 죽음을 초월
해 자신을 남기려는 영원 지향성의 한 방편에서만 그치는 것
이 아니다. 한번 지나면 다시는 돌아오지 않는 현재 이 순간의
평안과 기쁨, 화해와 위로를 만들어내는 신비한 힘으로서 죽
음 앞에 선, 그리고 항상 고통스럽고 피곤한 나날을 보내야 하
는 인간들을 위해 음악으로, 노래로, 그리고 설득과 위로의 감
미로운 언어로 달콤하게 울려 퍼지는 것이다.

파르메니데스, 존재론을 서사시에 담은 철학자

 존재하는 모든 것들을 하나하나 대상으로 놓고 사유하는 대신, 모든 존재하는 것들에 공통된 것을 사유할 경우, 그 사유에 포착되는 것은 바로 존재 자체일 것이다. 흙이든, 나무든, 신전이든, 옷이든, 꽃향기든 우리들의 감각에 닿는 모든 것들이 모두 존재한다는 사실, 독특한 개성으로 서로 구별될 수 있는 모든 것들이 함께 존재를 누리며, 존재하고 있다는 사실로부터 그들 모두에게서 존재성, 존재 그 자체를 사유로 포착할 때 존재론은 시작된다. 진정한 의미에서 고대 그리스의, 아니 서구 철학사의 존재론은 파르메니데스에 의해 시작되었다고 해도 결코 지나친 말이 아니다. 존재는 존재하며 존재하지 않을 수 없다. 비존재, 즉 존재하지 않음이란 지금 존재하지 않으며, 결코 존재할 수도 없다. 텅 빈 공간 자체도 존재한다면, 그 텅 빈 공간은 존재로, 존재성으로 가득 차 있는 것이다. 무엇이건 존재와 존재성이 결여된다면 '없기' 때문이다. 존재하지 않으면, 존재를 누릴 수 없고, 존재한다면 존재를 누릴 수 있기 때문이다. 존재란 없다가 있고, 있다가 없을 수도 없으므로 생성이나 소멸도 있을 수 없는 일이다. 모든 개별적인 존재자들을 꿰뚫고 구분의 벽을 부수며 존재는 따라서 꽉 들어찬 하나이며 끊임이 없고 서로 밀접하게 이어져 있으며 완전하며 움직이지도 변하지도 않는다.

감각에 포착되는 존재하는 모든 것들 하나하나가 끊임없는 변화 속에서 생성하며 소멸하는 불완전한 것으로 포착되는가? 그것은 한갓 현상일 뿐, 아니 어쩌면 허위이며 허상일지도 모른다. 하지만 사유에 포착되는 존재 자체, 변화와 생성, 소멸에 시달리는 감각적인 존재자들 저변을 떠받치고 있는 존재자체는 완전하고 충만한 존재 자체다. 비존재는 없고 존재로만 빼곡히 들어찬 세계, 생성소멸과 변화가 배제된 완전 충족의 세계, 그것이 참된 존재의 세계다. 진정 있는 것, 진정 변하지 않는 것, 그것은 개별적인 존재자들 너머로 그 아래에 단단하게 깔려 있는 존재, 있음 그 자체다. 언어의 한계 속에서 지고한 사고의 경지에 도달한 파르메니데스의 철학은 퍼 올려도 마르지 않는 샘처럼, 적어도 존재와 인간 인식의 한계와 비밀에 목말라하는 철학자들에게 끊임없이 신선한 물을 제공해준다. 다양하고 변화하는 감각적 현실 세계의 근원은 무엇인가라는 질문은 헤시오도스 시를 추진하는 힘이었다. 하지만 탈레스를 시작으로 자연에 대해 좀더 합리적이고 과학적인 답변을 주려고 했던 사람들, 탐구와 지식, 지혜(sophia)를 사랑하던 사람(philos)들 — 곧 철학자(philosophos)에 의해 새로운 세계가 열린다. 현상의 이면에는 현상을 움직이는 신비로운 신의 힘이 의인화된 형태로 대응되어 감추어져 있다는 세계관이 호메로스와 헤시오도스의 서사시에 담겨 있다. 반면 탈레스, 아낙시만드로스, 아낙시메네스, 피타고라스와 헤라클레이토스, 엠페도클레스와 아낙사고라스 그리고 레우키포스와 데모크리토스로 이어지는 자연철학자들의 조각글들(fragmenta)[10] 속에는 현상의 배후에 신이 아닌 그 무엇이 현상의 근원으로, 원리와 원소로 감추어져 있다. 달에는 달의 신 셀레네가 숨쉬며 숨어 있는 것이 아니며, 혼동과 땅과 하늘의 교접으로부터 나온 것이 아니다. 달의 이면에는 원소로서 물이 있거나, 공기나 불이 감추어져 있으며, 수(數)가 있거나, 규정할 수 없는 최소 단위의 물질이 원소로서 원리로서 숨어 있다. 그 근원의 원소들이 일정 방식으로 결합하여 달도, 해도, 산과 나무도 만들어낸다. 탈레스에게 타오르는 불은 물을 원소로 쏟아져 내리며, 헤라클레이토스에게 흘러내리는 물은 불을 원소로 이글거리고 있는 것이다. 보이는 것은 보이는 것 그대로만은 아닌 것이다. 이 모든 존재론의 정점에 파르메니데스가 우뚝 서 있다. 존재의 참된 진실과 현상에 관한 그럴듯한 의견을 동시에 보여주면서.

파르메니데스의 존재론을 논리적 전제로 깔고 현상의 실상을 설명하려 했던 철학자 플라톤은 『파르메니데스』라는 대화편 속에서 자신의 스승 소크라테스를 약 20세 가량의 젊은이로 설정해 약 65세 가량의 파르메니데스와 그의 제자인 중년의 제논과 만나게 한다.(126a-c) 이를 기준으로 계산한다면 파르메니데스는 기원전 515년에서 510년 사이에 태어났을 것이다.

이는 헤시오도스가 활동했던 시기(기원전 700년 전후)로부터 약 200여 년 뒤이며, 핀다로스가 태어났다고 추정되는 518년보다 몇 년 후다. 이 계산은 고대 그리스에서 활약하던 철학자들의 생애를 전기 형식으로 남겨 전해주고 있는 디오게네스 라에르티오스가 제공하는 정보와 약 한 세대 정도 차이가 난다. 그에 따르면 기원전 540년경 파르메니데스가 태어났다는 것이다.

어쨌든 플라톤이 기록하고 있는 대화편 『파르메니데스』에서 이루어진 만남에서, 파르메니데스는 소크라테스(그리고 플라톤) 사상의 핵심이 되는 이데아와 이데아로 설명되는 현상에 대해 의문을 제기한다. 젊은 소크라테스가 변호하던 모든 이데아 논증을 차례로 허물어버린 파르메니데스는 각 존재의 온전한 형상인 이데아는 사유와 대화를 위해 꼭 필요하지만, 이를 제대로 알고 설파하려면 고도의 훈련이 필요하다고 지적한다. 훈련을 위해 파르메니데스는 어린 아리스토텔레스를 택한다. 그 연습은 매우 딱딱하고 엄밀한 논리적 성격을 갖고 있으며, 문체도 매우 건조하다. 예를 하나 들면 이와 같다. "만약 하나가 있다면, 하나는 하나이므로 여럿이 아니다. 그 이유는 이렇다. 부분이란 전체의 부분이고, 전체는 어떤 부분도 떨어져 나가지 않는 것이다. 그런데 만일 하나가 전체며, 따라서 부분을 갖는다면, 부분들로 이루어진 것이 된다. 그렇게 되면 하나는 여럿이고, 하나가 아니게 된다. 따라서 만약 하나가 하나라면 그것은 전체이지도 않을 것이며, 부분들도 갖지 못할 것이다."(137c-d) 플라톤이 그리고 있는 파르메니데스는 위엄 있고, 치밀하며, 논쟁적이다. 너무도 논리적이며 비판적이어서 시와 문학, 예술적 상상력과는 거리가 한참 먼 인물처럼 보인다.

그러나 플라톤이 그리고 있는 파르메니데스 곁에 파르메니데스 자신이 그린 파르메니데스를 서게 하면 두 모습이 매우 대조적이어서 보는 이를 놀라게 만든다. 그의 존재론이 고도로 추상적인 내용을 담고, 모순율 내지 배중률에 근거한 엄밀한 논리적 논증 구조를 갖추고 있긴 하지만, 그것이 플라톤의 대화편 『파르메니데스』에 나타난 논증적 대화 또는 철학적 논문의 형태에 담겨 전해져 오고 있지 않다.

놀랍게도 그의 철학적 논의는 호메로스나 헤시오도스가 신과 인간의 세계를 노래할 때 사용한 서사시의 운율에 담겨 있다. 다시 말해, 파르메니데스는 철학적 논의를 장중한 서사시의 형식에 담고 있다는 말이다.

시란 리듬(rhuthmos) 또는 화성(harmonia)에 담긴 언어(logos)

로 짜여진 의미의 조직체라고 정의할 수 있다.(플라톤『국가-정체』III, 398d ; 아리스토텔레스『시학』1, 1447a22) 특히 고대 그리스의 시란 악기와 춤에 깊이 연관되어 있어 노래와 더불어 음악(mousikê)의 한 장르로 구분되기도 하였다.(플라톤,『국가-정체』III, 398b-c) 이 가운데 리듬과 언어는 결합하여 고대 그리스 시의 중요한 형식적 특징을 이루는 운율(metron)을 구성한다. 호메로스와 헤시오도스의 서사시는 하나의 장음(♩)과 두 개의 단음(♪♪)을 하나의 각(脚)으로 삼아 구성되는 닥틸로스(daktulos) 운율(♩♪♪)을 5번 반복하고, 맨 마지막에 불완전한 형태의 닥틸로스(♩♪)가 덧붙어 하나의 행을 이루는 육각운율(六脚韻律 : hexametron)로 이루어진다. 경우에 따라 닥틸로스 운율 대신 좀더 장중한 느낌을 주기 위해 스폰데이오스(spondeios) 운율(♩♩)이 닥틸로스를 대신하여 하나의 각을 이루기도 하며, 맨 마지막을 장식하기도 한다. 닥틸로스 운율이 무게가 있으면서도 운동감을 주는 반면, 제례의식 가운데 헌주의 노래에 주로 사용되었던 스폰데이오스 운율은 두 개의 장음이 울리기 때문에 중후함과 안정감을 동시에 준다. 이렇게 구성된 육각운율은 영웅시 운율(metron herôikon)이라고 부를 만큼 영웅들과 신들을 노래하는 서사시에 적격인 운율로 이해되고 있다. 이 운율은 모든 운율 가운데 가장 안정감 있고 중후한 운율로 평가되며, 어휘 면에서도 각종 방언과 은유적인 표현을 무리 없이 담아내기 때문에 긴 이야기를 서술하기에 가장 적절한 운율로 여겨진다.(아리스토텔레스『시학』

24, 1459b31-1460a5 ;『수사학』III, 8, 1408b32-33) 이 운율의 느낌을 조금이나마 나누기 위해 우리는 이미 보았던 네 편의 서사시의 첫 부분을 읽어볼 필요가 있다.

<   <   <   <   <   <

♩ ♪♪| ♩ ♪♪| ♩ ♩ | ♩ ♪♪| ♩ ♪ ♪ | ♩ ♪

mênin a- ei- de the- a   Pê- lê- i- a- deô Ak-hi- lê-os

분노를 노래하소서, 여신이여, 펠레우스의 아들 아킬레우
스의 (『일리아스』1, 1)

『일리아스』의 첫 행에서는 세 번째 각에 쓰인 스폰데이오
스 운율이 가운데 배치되어, 한번의 휴지기와 함께 전체를 균
형 있게 분할하여 분노라는 주제의 무거움을 드러낸다.

<   <   <   <   <   <

♩ ♪ ♪| ♩ ♪♪| ♩ ♪♪| ♩ ♪♪| ♩ ♪♪| ♩ ♪

andra moi en-ne-pe Mou-sa po- lu-tro-pon hos mala   polla

그 사나이를 나에게 말해주소서, 뮤즈여, 재주 많던 그
사나이를 (『오뒷세이아』1, 1)

반면 『오뒷세이아』의 첫 두 행은 모두 닥틸로스 운율로 쓰
여 오뒷세우스를 이리저리로 끌고 다니던 거대한 파도의 움직
임을 느끼게 해준다.

```
   <      <       <         <         <         <
 ♩  ♩ | ♩   ♪♪ | ♩ ♪♪ | ♩    ♩   |  ♩   ♪   ♪ | ♩   ♩
```

Mousa- ôn he-li- kô-ni-a- dôn ar- khô-meth a- ei- dein

뮤즈들, 헬리콘 산에 사는 여신들로부터 우리 노래를 시
작하자. (『신통기』 1)

```
   <        <         <        <         <        <
 ♩  ♩ | ♩ ♪♪ | ♩  ♪♪ | ♩   ♩  | ♩   ♩  | ♩ ♩
```

Mousai Pi-e- ri- ê-then a- oi-dêi- si klei-   ou-sai

뮤즈 여신들이여, 피에리에로부터 노래로 영광을 드러내
는 여신들이여 (『일과 날』 1)

  그리고 헤시오도스의 두 서사시의 첫 행에서는 뮤즈 여신
을 묵직한 스폰데이오스 운율로 깔고 있다. 이와 같이 내용은
형식과 조화를 이루고 있는 것이다.

  파르메니데스는 어떤가? 그는 운동과 소멸, 비존재를 거
부하고 흔들리지 않는 유일한 존재의 사상을 피력하기 위하
여 가장 무게 있고 탄탄한 운율인 육각운율을 사용한 것이
다. 존재의 신비를 여신의 음성으로 전하는 그의 시는 인간
의 행적을 신의 운동에 맞대어 노래하는 영웅적인 서사시의
전통에 뿌리를 두고 있기에 듣는 이의 마음속에 중후하게
울린다.

  파르메니데스가 자신의 사상을 서사시 형식에 짜 넣은 것

은 단순한 우연만은 아니다. 내용을 담는 형식과 전달의 매체
가 이미 그 내용과 메시지를 말해주고 있는 것이다. 그의 철학
은 이렇듯 논리적이면서도 동시에 서사적이며, 합리적, 과학
적이면서도 신화적, 영웅적이다. 그의 철학은 다음과 같은 시
로부터 전개된다.

hi-poi tai me phe-rousin ho- son t' e- pi   thu-mos hi-ka-noi

암말들이, 나를 싣고 달린다. 그 마음 이를 수 있는 데까
지 충분하게

pem-pon e- pei m' es ho-don bê- san po-lu- phê-mon a-gou-sai

데려간다. 그들이 나를 많은 것을 말해주는 길로 이끌며
가고 있기에

daimo-nes, hê ka-ta pan-t' as-tê phe-rei ei- do- ta phô-ta

신성한 말들이, 그 길은 온 도시들을 따라 아는 자들을

실어 나른다.

그 길로 나는 실려 갔었다. 그 길로 나를 많은 것을 보여
주는 말들이 싣고 달리니, / 마차를 끌며. 소녀들은 그 길을
인도하였다. (파르메니데스 조각글 1, 1-5)[11]

두 개의 장음으로 시작된 첫 행은 암말들의 움직임을 따라
닥틸로스 운율로 묵직하게 흘러가며, 2-3행은 각각 제3각과 6
각에 스폰데이오스가 배치되어 안정적인 마차의 움직임을 느
끼게 해준다. 밤에서 낮을 향해 나 있는 여신의 길을 따라, 태
양신의 소녀들의 호위를 받으며, 노련한 암말들이 끄는 마차
에 실려 '나'는 가고 있다. 마차는 정확한 박자로 안정되게 밤
의 집을 떠나 빛을 향해 달려간다.

차축은 바퀴통 중심에서 파이프의 굉음을 내뱉고 / 불꽃
을 뿜어내니, 짓눌리고 있었기에, 두 개의 둥근 / 바퀴들에
의해 양쪽으로부터, 말들이 데려가려 서두를 때마다. / 태양
신의 소녀들이, 밤의 집을 떠나 / 빛을 향해 가니, 머리에서
손으로 면사포를 걷어낸 후에. (파르메니데스 조각글 1, 6-
10)

내가 가는 길은 어두운 밤의 집을 떠나 밝은 빛을 향하는
길이며, 사람들이 흔히 다니는 길이 아니라, 바로 신비롭고 낯
선 여신의 길이다. 이 길을 태양신의 소녀들이 해주며, 풍부한

정보와 지식을 가져다줄 노련한 암말들이 인도하고 있다. 불꽃을 뿜어내는 격렬한 속력 속에서도 '나'는 진리를 향해 묵직한 여행을 하고 있는 것이다. 그 길의 어디쯤에는 정의의 여신 디케가 지키고 있는 문이 나타난다. 그 길을 통과해야만 밤에서 빛으로 갈 수 있다. 하지만 걱정할 것이 없다. 호위하는 소녀들은 달콤한 언어로 문을 열게 해주니 말이다.

> 거기엔 문들이 밤과 낮의 길들로 나 있으며, / 그것들을 상인방(上引枋)이 양쪽에서 지탱한다, 돌 문지방까지도. / 바로 그 천공의 문들은 꽉 차 있었다, 커다란 문틀들에. / 차례로 열 수 있는 열쇠들은 심판의 디케가 가지고 있다. / 그녀를 달래려 소녀들은 부드러운 말로써 / 설득했다, 솜씨 좋게. 그들에게 쐐기 박힌 빗장을 / 날듯이 문짝에서 밀어내도록. 문들은 문틀의 / 틈을 쩍 벌어지게 만들었다, 위로 날개를 펴 올리듯, 청동제 / 축들을 축 통 속에서 차례로 돌리고 난 뒤, / 대못들과 철침들로 고정된 여러 축들을. 그리로 그것들을 통과하여 / 똑바로 몰아갔다, 소녀들이, 큰 길을 따라 마차와 말들을. (파르메니데스 조각글 1, 11-21)

문이 열리고 얼마를 가면 마침내 여행의 끝에서 여신이 '나'를 맞아준다. 여신은 진리를 밝혀주기 위하여 흔하고 편한 길에서 벗어나 낯선 길을 용감하게 찾아온 '나'를 기꺼이 환영한다. 대부분의 사람들이 가지 않는 길. 앎과 지혜를 사랑하여 떠나 온 철학과 탐구의 길의 끝에 진리와 진리 없는 믿음을 말해줄 여신을 만난 것이다. 이제 '나'는 참과 참이 아니지만 참을 빼닮은 거짓된 의견을 분별할 수 있도록 여신의 목소리에 귀를 기울인다.

　　나를 여신이 반갑게 맞아주었다. 손으로 내 / 오른손을 잡고, 이런 말을 하면서 내게 말을 건넸다. / "어서 오시오 젊은이, 불사의 마부들과 동행한 이여, / 말들과 함께, 그대를 싣고 우리의 집까지 온 말들과 함께. / 잘 왔어요. 그대를 나쁜 운명이 데리고 이곳에 온 것은 아니니, / 이 길을 따라 (이 길이 인간들의 발자국으로부터 떨어져 있으니) / 오히려 옳음과 정의지요. 필요합니다, 그대가 모든 것을 배워야 함은. / 동그란 진리의 흔들리지 않는 마음을, / 사람들의 의견들을, 그것들 속에는 참된 신뢰가 없을지라도 / 하지만 이것들도 배우게 될 거예요, 어떻게 보이는 것들이 / 받아들여질 만큼 되어야만 하는지를, 그 모두가 전체를 뚫고 들어가." (파르메니데스 조각글 1, 22-32)

　　우리가 이 시를 읽을 때, '나'와 더불어 어둠에서 빛을 향해 상승하게 되며 존재의 비밀에 관한 여신의 신비로운 목소리를 듣게 된다. 서사시의 장중한 운율을 타고 여신의 신비로운 목소리에 담겨 들려오는 존재의 비밀은 낯선 길에서 사뭇 두려운 우리를 압도한다. 존재에 관한 파르메니데스의 사유와 논의는 그를 앞뒤로 하여 이어지는 그리스 철학사에 큰 획을 긋고 있어 그 중요성은 어마어마하다. 또 한편으로 그의 노래는 철학을 철학적 사유 자체의 신비로움으로 보여준다. 죽어 없어질 인간이 영원하고 불변하는 절대 존재를 사유한다는 일, 인간의 작은 정신 속에 존재의 비밀을 통째로 담아낸다는 일은 그 어떤 사건보다도 신비롭고 놀라운 일이 아닐 수 없다. 파르메니데스는 이 엄청난 내용을 신비로운 여신의 목소리에 담지 않고는 표현할 수 없었을지 모른다.

자 이제 내 말할 테니, 간직하세요, 그대여 이야기를 듣고서. / 대체 어떤 탐구의 길만을 생각할 수 있는지를. / 하나의 길은 '있다'라는, '있지 않음이란 있을 수 없다'라는 길인 즉 / 설득의 신 페이토의 길입니다. (진리를 따르기 때문이지요). / 하나의 길은 '있지 않다'라는, '있지 않을 수밖에 없다'라는 길인 즉 / 이 길은 실로 그대에게 내 설명하지요, 전혀 배움 없는 길이라고. / 알 수 없기 때문입니다, 바로 그 있지 않을 (성취할 수 없으므로) / 설명할 수도 없기 때문입니다. (파르메니데스 조각글 2)

아르킬로코스, 서정시의 시대를 연 도전자

호메로스의 서사시 세계 속에서 모든 말과 글의 궁극적인 대상은 뛰어난 인간, 즉 영웅이었고, 헤시오도스 서사시에서는 인간의 세계를 움직이는 불멸의 신들이었다. 시인은 영웅을 노래하고 찬양하므로 대중들 개개인 안에 잠자고 있는 훌륭함, 즉 영웅적인 본성을 깨우려고 한다. 이 노래에 감동하는 모든 개인은 뜻을 모아 영웅을 우러르며, 동시에 스스로 영웅을 꿈꾼다. 남자들의 명예를 드높이는 전쟁터에서는 빛나는 전사로, 회의장에서는 꿀보다 더 감미로운 언어로 훌륭한 계책을 내놓는 탁월한 연설가로 우뚝 설 수 있기를 원한다. 그리고 그와 같은 영웅의 등장에 아낌없는 존경과 찬사를 보낸다. 이와 같은 사회에서 영웅이란 집단의 개인이며, 개인들의 전

형이다. 영웅은 개인의 극단이 표상된 것으로 동경과 경이의 대상이며, 신과 맞닿아 있다. 서사시의 영웅은 가계를 거슬러 올라가면 신에 뿌리를 두고 있으며, 그들의 행동에는 신들의 힘이 배어 있다. 그러기에 신들조차 인간을 빼어 닮았으며, 인간은 신들의 형상으로 그려질 수 있었던 것이다. 그런데 한 시인이 나타나 영웅으로부터, 그리고 영웅을 꿈꾸는 대중들로부터 뛰쳐나와 대중들을 향해 거칠게 외쳐댔다. '나' 여기 있노라고. 그가 바로 아르킬로코스다. 기원전 700년을 전후로 활동하였다고 추측되는 헤시오도스가 서사시 속에서 자신의 이름과 삶의 작은 편린을 새겨놓은 이후, 7세기에 등장한 아르킬로코스는 본격적으로 자신의 생각과 감정으로 시를 가득 채워 넣기 시작하였다. 기원전 652년에 사망한 귀게스와 648년 4월 6일 발생했던 일식(조각글 122)을 기록하고 있는 그의 활동의 절정기는 대략 680년에서 640년 사이이다. 그는 서사시의 시대를 마감하고, 새로운 서정시의 시대를 활짝 열게 된다.

그는 자신을 영웅으로부터 떼어내고, 집단의 가치 체계에서 바깥에 놔두며, 홀로서기를 시도한다. 직접 자신의 사랑과 분노를 이야기한다. 거대한 서사시의 세계에서 뛰쳐나온 이방인, 그는 자신을 영웅으로 세우려 하는가? 아니면 영웅이길 거부하며 영웅의 신화를 부수려 하는가? 그는 또 전통적인 가치를 조롱하고 자신의 가치를 당당히 외친다. 이방인 그는 새로운 가치와 도덕을 세우려 하는가? 아니면 집단의 가치체계가 짜놓은 올무에서 해방되기를 간곡하게 소망하는가? 그의 외침은

황량한 들판의 야수의 울부짖음처럼 외롭다. 그는 영웅을 열렬히 추종하며 찬양하며 스스로를 집단의 이상, 대중의 우상 속에 묻어버린 대중들을 깨우려 한다. 듣는 이는 곧 멍하니 얼어붙는다. 이어 대중의 집단화에는 균열이 생기며, 영웅으로 정형화된 개인의식은 영웅과 헤어져 자기 자신을 돌아본다. 하나씩 아르킬로코스들이 복제되어 나온다. 가히 개인이 스스로를 자각하는 서정시의 시대라 할 만하다.

스파르타인들은 전쟁터로 나가는 전사들에게 당부한다. 방패를 가지고 승리의 영광을 안고 살아서 돌아오든가, 아니면 끝까지 싸우다 명예롭게 전사하여 방패에 실려 오든가! 전쟁터에서의 영광은 누구도 부인할 수 없었던 고대 그리스인들의 최대의 가치였고, 죽을 수밖에 없는 인간들이 영원히 존재하기 위해 얻고자 했던 영속의 방편이었다. 그러나 아르킬로코스는 이 땅에서의 삶을 위해 방패를 무참하게 던져버리고 당당하게 외친다.

방패 때문에 사이아인 누군가는 우쭐하겠지, 덤불 옆에 / 내 기껍지는 않았지만 내버려두고 온 그것 때문에. / 하지만 내 자신은 구했으니, 왜 그깟 방패가 내게 걱정거린가? / 가져가라지. 난 다시 그에 못지않은 새것을 마련할 테니. (아르킬로코스 조각글 5)[12]

방패보다 중요한 것은 바로 방패를 들고 싸우는 인간 자신

인 것을. 그 생명인 것을. 지금껏 높이 권장되어 오던 사회의
통념적 가치는 아르킬로코스에겐 비웃음의 대상이 된다. 그는
미련 없이 그것을 던져버린 것이다. 죽음 이후의 영광과 명성
이라? 그는 이렇게 대꾸한다.

> 시민들 가운데 누구라도 존경도 명성도 없는 것이지, 죽
> 고 난 후엔 / 없는 것이지. 차라리 삶의 은총을 좇으리라 우
> 리 / 사는 동안에. 가장 나쁜 것은 언제나 죽은 자에게 있나
> 니. (아르킬로코스 조각글 133)

삶과 생존의 욕구. 전쟁에 몸담아 이리저리 떠도는 시인에
게 전쟁터는 참된 가치를 실현하는 장소가 아니라, 허위와 피
곤의 장소이며, 권태와 고통의 장소일 뿐이다. 살기 위해, 나
의 생존을 위해 목숨을 걸고 남을 죽이려는 전쟁에 임하는 것,
이것은 고통스런 모순이다. 영원한 명성을 위해 짧게 살아야
할 운명을 택하여 전쟁터로 돌진하던 아킬레우스. 혼백으로
떠도는 그를 죽은 자들의 세계인 하데스에서 만난 오뒷세우스
가 위로한다. "아킬레우스여, 그 누구도 당신처럼 행복할 순
없을 것이오. 이전에도 그리고 앞으로도 살아 있는 동안 우리
아카이아인들은 당신을 신처럼 공경했고, 지금 당신은 여기서
죽은 자들 가운데 통치자니 말이오. 아킬레우스여, 그러니, 그
대는 죽었다고 슬퍼하지 마시오."(『오뒷세이아』 11, 483-486)
그러나 아킬레우스는 대꾸한다. "죽음에 대해 나를 위로하지

마시오. 명성 높은 오뒷세우스. 나는 죽은 자들의 통치자가 되느니, 차라리 촌구석의 머슴이 되어, 농토도 없고, 재산도 많지 않은 다른 사람 밑에서 품을 팔고 싶소"(『오뒷세이아』11, 488-491) 영원히 신의 세계에서 아름다운 여신과 같이하는 삶을 포기하며, 죽음으로 한정되고 노쇠로 고통스런 인간 세계의 삶을 택한 오뒷세우스의 선택은 아킬레우스의 후회와 깊은 맥락에서 서로 통한다. 인간적인 삶에 대한 애착. 한번 지나면 돌아올 수 없는 시간 속에서 지금을 절실하게 느끼며 누리는 것. 아르킬로코스는 보다 간절한 목소리로 인간의 삶 그리고 그 안에 흐르는 고유한 리듬과 그 리듬에 따를 때 느끼는 기쁨을 자신의 목소리로 노래한다. 서사시의 시인이 귀족적인 세계관 속에 익명으로 묻혀버리는 것과는 달리, 그는 자신의 생각을 개인의 이름으로 노래하는 것이다.

마음이여, 마음이여, 어찌할 수 없는 고통에 시달렸으나 / 일어서라! 적의에 차 달려드는 이들에 맞서 지켜내라 / 네 가슴을, 적들의 매복 가까이에 서서. / 굳세게. 그리고 이겼다고 대놓고 자찬하지 말라, / 패했다고 집안에 누워 한탄하지 말라 / 기쁜 일에 기뻐하고 나쁜 일에 슬퍼하되 / 지나치지 말라. 깨달아라, 어떤 리듬이 사람들을 붙들고 있는지를. (아르킬로코스 조각글 128)

서사시 속에 그려진 웅장한 영웅적 세계는 귀족정치체제를 골격으로 하여 튼튼한 가치체계를 유지하고 있다. 거기에는 우리가 보았던 중후하고 안정적인 육각운율의 리듬이 묵직하게 흐른다. 아르킬로코스는 전통적인 가치가 실현되는 전쟁과 영웅과 시를 노래하는 이전 작시술(作詩術)의 전통을 안다고 노래할 때, 서사시의 운율이 변형된 형태인 엘레게이온 비가(悲歌) 운율, 즉 닥틸로스와 스폰다이오스 운율의 육각운율과 오각운율로 구성된 2행 연시(聯詩)를 사용한다.

>   >   >   >   >   >

♪♪ ♪│♩ ♪♪│♩ ♪ ♪│♩♪♪│♩ ♪♪│♩ ♪

ei-mi d' e- gô the-ra-pôn men E- nu-a- li- oi- o a- nak-tos

나는야 대왕이신 전쟁의 신 에뉘알리오스의 시종이라네

>   >   >   >   >   >

♩ ♩ │♩ ♪♪│♩ │ ♩ ♪ ♪│♩ ♪♪│♪

kai Mou-seôn e- ra- ton dô- ron e- pis- ta-me- nos

그리고 또 뮤즈들의 사랑스런 선물도 내 잘 알고 있지.

(아르킬로코스 조각글 1)

이와 같이 그는 전통적인 서사시에 사용되는 운율을 적절히 변형시켜 사용할 줄 알았지만, 그는 자신만의 새로운 누세를 표현하기 위해 새로운 운율을 필요로 했고, 마침내 자신만의 운율을 창안한다. 신과 영웅으로 포장된 서사적 영웅의 세계를 벗겨내고, 그 이면에 황량하게 펼쳐진 현실에 뛰어든 아르킬로코스. 그의 거친 외로움과 잔혹한 현실 인식은 새롭게 구성된 이암보스(iambeios) 운율 ─ 단음(경우에 따라서는 장음)과 장음의 한 단위[♪ ♩]가, 두 번 반복된 형태[♪ ♩ ♪ ♩]를 하나의 각으로 삼는 운율 속에 담긴다.

　이 운율은 일상적인 대화에 쓰이는 평범한 말투에 배어 있는 운율이기 때문에[13] 나중에 이 각을 세 번 반복하는 이암보스 삼각운율은 비극과 희극의 대사 부분에 사용된다. 운동과 대화에 적합한 운율인 만큼 일상적이고 지극히 현실적인 운율인 것이다. 그리고 이 운율의 이름에는 '욕설을 지껄인다'와 '풍자한다(iambizein)'는 의미도 담겨 있다. 아리스토텔레스는 시의 대상에 따라 시인을 두 부류로 나눈다. 심각한 행동과 인물을 그려내는 고상하고 무게 있는 시인과 열등하고 저열한 행동과 인물을 그려내는 가벼운 시인. 그 두 부류의 시인 각각은 닥틸로스 육각운율로 찬가를, 이암보스 삼각운율로 비방과 풍자시를 지었다고 한다.[14] 이와 같이 아르킬로코스는 비방과 욕설을 퍼부어댈 때, 거친 감정을 일상생활 속에 익어 있는 리듬에 담아 솔직한 말투로 뱉어낸다. 무엇보다도 그의 개성은 사랑에 대한 열정과 배신에 대한 격렬한 분노의 표현에서 가장 두드러지게 드러난다. 그는 자신의 격정을 숨김없이, 거침없이 뿜어낸다. 그의 새로운 운율은 이때 가장 생동감 있게 울린다.

> . >   >   >   > >

♪♩ ♪ ♩ | | ♪ ♩ ♪ ♩ |♪ ♩ ♪♪

pa-ter Lukam- ba poi-on eph- pa-sô to-de

아버지 뤼캄베스여, 거 무슨 생각 하시는 거요?

> > > >

♩ ♩ ♪♩ |♩ ♩ ♪ ♩

tis sas pa rê- ei- re phre-nas

그 누가 당신 마음을 뒤흔든 게요?

> > > > > >

♩ ♩ ♪ ♪ ♩ |♩ ♩ ♩ ♪ ♩ |♪ ♩ ♪ ♪♪

hêis to prin ê- rê- rês-tha nun de dê po-lus

전에 당신이 지녔다는 그 마음을? 이제 진정 숱한

.

> > > >

♪♩ ♪ ♩ |♪♩ ♪ ♩

as-toi- si phai-ne-ai ge-lôs

웃음거리 도성에 드러나 있소

(아르킬로코스 조각글 172)

이 시는 아르킬로코스가 자신이 몹시 사랑하던 네오블레의
아버지 뤼캄베스를 비방하는 시다. 시인은 네오블레에 대한
자신의 사랑과 열정을 다음과 같이 표현한 바 있다.

내 손으로 직접 네오블레를 쓰다듬을 수 있다면. (아르킬
로코스 조각글 118)

저 사랑의 애욕 내 마음 깊은 데서 휘돌고 난 뒤, / 숱한
안개 눈앞에 쏟아 붓기에 / 가슴에서 여린 마음 내어 훔쳐
간 뒤에. (아르킬로코스 조각글 191)

네오블레의 아버지 뤼캄베스는 아르킬로코스와 절친한 친
구 사이였으며, 그에게 자신의 딸 네오블레와의 결혼을 다짐
해주었다. 하지만 뤼캄베스는 결국 약속을 저버리고 네오블레
를 다른 데로 시집보냈다. 아르킬로코스는 시를 통해 이 약혼
파기에 강력한 항의와 분노를 담아낸다. 이때 진정되지 않은
분노는 바로 그가 고안한 운율, 일상적인 말투에 가장 가깝고,
욕설과 비방의 어조에 가장 적합한 운율인 이암보스 운율(♪
♩ ♪ ♩)에 담겨 생생하게 울려 퍼지고 있는 것이다. 그의 격
정의 표현은 귀족적인 가치관 속에 담겨 웅장하게 과장되는
아킬레우스의 분노와는 사뭇 다르다. 또한 자신의 아내와 아
들 그리고 왕국을 능멸하던 구혼자들에게 복수의 활시위를 당
기던 오뒷세우스의 처절한 분노와 기백 넘치는 행위에 견주어
도 아르킬로코스의 시는 지나치게 개인적이고 순진하다. 하지
만 그 거친 호흡에는 아킬레우스와 오뒷세우스의 가슴속에 이
글거리던 격정 못지않은 격렬함이 담겨 있다. 친구이기도 했
던 뤼캄베스는 신의를 저버리고 딸 네오블레를 아르킬로코스

에게 허락해주지 않았고, 네오블레 또한 약혼자 아르킬로코스에게 굳은 절개를 보여주지 않았다. 배신의 상처는 실연의 분노로 폭발할 때 더욱 격렬하다. 그는 한때 연모하던 여인이게 지독한 욕설과 믿을 수 없는 저주를 퍼붓는다.

> 이제 진정 이를 알라. 네오블레는 / 다른 놈이 가져가라지. / 에라, 익을 대로 익어 / 처녀의 꽃봉오리 벌써 시들었다. / 예전에 있던 우아함마저. / 물릴 줄 모르는 / [   ][15] 미친년, [   ] 끝을 보여주는군. / 지옥에나 떨어져라. / [   ] 그럴 순 없지 / 내 어찌 그런 여자 취해서 / 이웃의 웃음거리 되겠는가? (아르킬로코스 조각글 196)

이와 같은 격렬함은 시인이 직접 삶에서부터 생생하게 겪은 사건과 감정에서 분출한 것이기에 고상하게 절제될 수 없고, 그만큼 절박하게 표현된다.

서사시인들이 웅장한 운율 속에 숭고한 언어로 영웅들의 분노와 감정을 기품 있게 표현할 수 있었던 것은 시인이 노래하는 내용이 자신의 이야기가 아니라 남의 이야기였기 때문일지도 모른다. 그래서 그들은 짐짓 격렬함을 담으려 하지만, 결국 침착할 수 있었던 것이리라. 그러나 아르킬로코스는 전쟁과 사랑에 대해 자신의 경험담을 이야기하기에 거칠었던 것이다.

진정 아르킬로코스는 단순히 시의 음악적 형식인 운율 측면에서뿐만 아니라, 시의 주제에서 그리고 시인의 자기 인식의 측면에서 혁신적인 시인이었다고 할 수 있다. 전통적으로 시인이란 아리스토텔레스가 『시학』에서 말한 것처럼, 영웅들과 신들의 이야기 속에서 자신을 감추어야 하는 존재였다. 철학자는 말한다.

> 호메로스는 다른 많은 점에서도 칭찬받을 자격이 있지만, 시인들 가운데 유일하게 시인이 몸소 해야만 할 바가 무엇인지를 모르지 않았다는 사실에서 특히 그렇다. 실로 시인 자신은 가능한 한 적게 말해야만 한다. 그렇게 (직접 말)할 때, 그는 미메시스를 하는 사람이 아니기 때문이다. 그런데 다른 시인들은 작품 전체를 통해 자신이 직접 나서며, 아주 가끔 조금밖에는 미메시스를 실천하지 않는다. 하지만 호메로스는 시작 부분에서 짧게만 직접 말한 후, 곧장 남자나 여자, 다른 어떤 성격이 없지 않은, 아니 제대로 성격을 갖춘 인물들을 바로 등장시키고 있다. (『시학』 24, 1460a5-11)

시인은 대중의 목소리며, 신의 음성이어야 하며, 그 자신의 목소리는 아니어야 했다. 아마도 이런 이유로, 자신의 고유한 감정과 생각을 자신의 목소리로 시 전체에 담아 노래하는 아르킬로코스 같은 서정시인들이 아리스토텔레스의 『시학』에서는 전혀 다루어지지 않았을지 모른다.

전설과 신화를 새롭게 이야기 틀 속에 엮어내면서 인간의

실재와 현실을 드러내는 미메시스의 서사시와 비극, 희극만이
진정한 창작이요 시로서 인정을 받았던 것이리라. 이러한 전
통과 시와 창작에 관한 견해가 주류를 이루던 사회 속에서 아
르킬로코스는 진정 새롭고 외로운 독특한 시인이요, 이방인이
었던 것이다.

사포, 열 번째 뮤즈 - 사랑의 시인

거칠고 남성적인 시인 아르킬로코스 뒤엔 아름답고 감미로운 선율로 사랑의 감정을 노래한 여류시인 사포가 있었다. 그녀도 아르킬로코스와 마찬가지로 서사시가 전제하는 거대한 가치체계에 맞서 자신의 목소리를 분명하게 내세운, 새로운 서정시인이었다. 사포는 서정시의 정신으로 깨어 있는 개인의 가치를 믿고 있던 것이 분명하다. 전쟁의 힘과 가치에 맞서 그녀가 내세우는 최고의 가치는 바로 사랑 - 사랑의 기쁨이었다.

어떤 이는 기병대를, 어떤 이는 보병대를 / 또 어떤 이는 함대를 말한다, 검은 대지 위에서 / 가장 아름다운 것이라

도. 하지만 나는 각자가 / 사랑하는 사람이라 말하리. (사포 조각글 16)[16]

서사시의 영웅들은 무엇 때문에 목숨을 걸고 전쟁터에서 용감하게 싸웠던 것인가? 사랑하는 사람을 위해? 그들이 사랑한 것은 어쩌면 자기 자신과 자신의 명예였을지 모른다. 조국과 사랑하는 이를 위해 싸울 때도 마지막에는 자신의 영광이 빛나야 한다고 믿었을지 모른다. 사랑하는 이를 위해 이름도 없이 죽을 수 있을까? 사랑하는 이를 위해 비굴하게 생존을 택할 용기가 그 영웅들에게 있었을까? 사포는 아름답게 외친다. 내가 사랑하는 사람만이 이 세상에서 가장 소중하고 아름다운 것이라고. 그리고 묻는다. 사랑하는 사람을 위해서가 아니라면 그깟 군대가 도대체 무슨 소용이 있느냐고. 그녀는 서사시의 전설 속에서 다른 것을 읽는다. 사랑하는 파리스를 위해 스파르타 왕 메넬라오스가 보장하는 부와 권력의 울타리를 떠나, 부모와 자식을 버리고 트로이에로 간 헬레네의 아름다운 용기를. 그리고 아마도 조국의 위기와 멸망을 예감하면서도 사랑하는 사람을 데리고 떠난 파리스의 위험한 용기의 아름다움을. 아프로디테에 설득된 두 연인, 사랑이 전부였던 헬레네와 파리스를. 철학자 플라톤은 사랑을 노래하던 그녀를 단순히 시인이라고만 하지 않았다.

어떤 자들은 아홉 뮤즈들이 있다고 말하네. / 그들은 얼

마나 무지한가! / 보라. 열 번째 뮤즈 레스보스의 사포가 있
지 않은가. (『팔라티네 앤솔러지』, IX, 506)[17]

　열 번째 뮤즈. 플라톤이 그녀에게 붙여준 이름이다. 그녀는
남자에게만 공식적으로 교육이 허용되어 있던 고대 그리스의
가부장적인 사회체제 안에서 소녀들을 위한 시의 아카데미를
열었고, 그 서클 안에서 사랑과 아름다움의 신 아프로디테와
음악과 시의 신 뮤즈를 예배하는 모임을 가졌다. 그 안에서 그
녀는 같이 지내는 소녀들과 사랑을 나누며 감격스런 삶을 살
았고, 그 삶의 자취는 그녀가 남긴 시 안에 가득 담겨 있다.
그녀는 '레즈비언'. 기원전 620년경 레스보스 섬에서 태어났
기에 그녀는 레스보스 사람, 즉 레즈비언. 하지만 이 명칭은
단순히 태생에 관련된 말에 그치지 않고, 사포로 인해 여성끼
리 사랑을 누리는 여성 동성연애자를 지칭하는 말로 와전되었
다. 그런데 그녀는 실로 레즈비언이었다. 자신과 함께 시를 읊
고, 삶과 자연, 사랑의 아름다움을 즐기던 소녀들과 기꺼이 사
랑을 나누었기에. 그 사랑은 단순히 정신적인 데 그치지 않고,
서로의 윤기 나는 머리를 쓰다듬고, 우윳빛 감미로운 피부를
어루만지며 몸의 환희를 즐기는 데까지 이르렀다.(사포 조각글
126, 940 참조) 하지만 그녀의 동성애는 대상을 가리지 않던 무
차별적인 사랑의 한 부분에 지나지 않는다. 그녀는 아름답고
감동스런 모든 것에 대해 열렬히, 진실로 사랑을 표현하였던
것이다. 꽃도, 사과나무 가지와 바람, 남자도 그리고 여자도

그녀는 자신의 아름다운 사랑의 감정을 노래하기 위해 특별한 운율을 고안한다. 격정과 분노를 거리낌없이 표현하던 시인 아르킬로코스가 대중들 사이에 군림하던 집단의 거대한 가치체계를 벗어나 생생한 삶의 현장 속에서 일상의 진실을 노래하기 위하여 비방과 평범한 말투에 어울리는 운율을 고안해 시를 지었던 것과 마찬가지로, 사포 역시 감미로운 사랑의 신비한 감정을 노래하기 위해 자기 시에 새로운 운율의 옷을 입힌 것이다.

phai-ne-tai moi kê-nos i- sos the- oi-sin

나에게 그는 신들처럼 보이는구나,

em-men ônêr ot-tis e- nan-ti-os toi

저 남자, 그 누구든 너를 마주하고

is-da- nei kai pha-si-on â- du phô-nei-

앉아 곁에서 감미롭게 네가 말하는 걸

>   >

♩ ♪♪|♩♩

sas   u-pa-kou-ei

듣고 있다면,

사랑스럽게 네가 웃고 있는 걸. 한때 실로 나의 / 마음을 가슴 깊이 떨리게 했었지, / 내 너를 흘끗 볼 때, 그때 난 한마디 / 말도 더 이상 못할 것 같았어. // 하지만 내 혀는 굳어버렸고, 섬세한 / 불길 다시 내 살갗 밑을 휩쓸고 지나, / 눈으로는 아무것도 보질 못하고, 윙윙거린 / 다네, 내 귀는. // 식은땀은 나를 흘러내리고, 전율이 / 내 온몸을 사로잡아, 풀잎보다 더 새파랗게 / 질려 핏기를 잃고, 분명 죽음에 가까이 와 / 있는 것 같아 [   ] // 하지만 이 모든 걸 견뎌야만 해 [   ]. (사포 조각글 31)

그녀의 온몸을 죽음 같은 전율로 지배하는 그 짜릿한 감정. 그것은 그녀가 자기가 아끼며 가르치던 소녀에게 느끼는 절실한 사랑의 감정이었다. 이제 그녀는 그 소녀를 신랑에게 넘겨주어야만 하고, 그 소녀는 그녀의 곁을 영영 떠나야 한다. 이별의 순간에 사포는 그 소녀에 대한 추억과 느낌을 마지막으로 노래한다. 같은 시대의 시인 알카이오스의 구애를 받았던 매력적인 여인 사포. 그녀의 소녀에 대한 사랑.

"내 안에 도대체 무엇이 있기에, 나는 그녀 앞에서 숨 막힐

충격과 전율에 소스라쳐야 하는가?" 사랑의 감정은 인간적인 그 무엇으로 설명할 수가 없다. 그녀 안에 일어나는 그것은 인간을 넘어서는 신성한 신비한 힘, 신에 의한 경이로운 충격이라 해야 할 것이다. 사랑의 신 에로스가 그녀의 온몸에 저항할 수 없는 사랑의 감정을 쏟아 부은 것이다.

> 사랑의 에로스 또다시 나를 마디마디 풀리게 흔드는구나.
> / 달콤하며 쓰디쓴, 대책 없는, 그 휘감는 신이여. (사포 조각글 130)

사랑은 마치 뱀처럼 시인을 타고 기어올라 온몸을 휘감고 몸의 마디마디에 힘을 빼 풀리게 만든다. 그녀는 그 감정의 힘에 저항할 아무런 방법도 알지 못하고, 갇혀 있다. 달콤하지만 동시에 쓰라린 감정 안에. 사랑은 사랑하는 사람에 대한 치열한 열망이다. 그 목마름. 그 사랑의 굶주림은 사랑하는 사람과 함께 함으로 인해 충족될 수 있으며, 그 충족의 상태에 최고의 기쁨은 찾아온다. 하지만 나누어짐에 의해 갈증은 다시 일어나며 또다시 열망하게 된다. 함께 나눔 없이는 고통으로 지속되는 사랑의 감정. 달콤함과 쓰라림을 동전의 양면처럼 하나로 지니고 있는 사랑이란 감정은 인간이 겪는 가장 큰 모순일 것이다. 사랑은 또 나를 지우며, 그 지워짐의 아픔 속에서 또 나를 가장 생생하게 느끼게 만든다. 상대를 향한 간절함으로 인해 나는 사라지며, 그 공백 안에 그만이 남아 가득 채워지기 때문이다. 나의 영혼은 온통 사랑하는 사람으로 채워지며, 서서히 또는 별안간 나는 그의 분신이 된다. 나의 소멸. 사랑은 채워지지 않을 때 죽음의 지경에 이른다. 하지만 소멸과 죽음을 가장 강렬하게 느끼는 그 순간, 자기 존재를 가장 열렬하게 자각한다. 이 시는 소녀에 대한 사포의 사랑이란 점에서 매우 특이한 느낌을 준다.

사랑했던 그녀가 떠나간다. 영원히 나의 갈망은 채워지지 않을 것이다. 무엇으로 견디며, 무엇으로 이 죽음 같은 굶주림을 이겨낼 것인가? 이 견딤은 인간적인 그 무엇으로는 불가능하다. 사랑은 인간을 초월한 어떤 힘에 의해서만 위로되며 견딜 수 있는 갈망이다. 사랑의 아픔은 인간 스스로 극복할 수 없는 신비로운 절망이다. 사포는 사랑의 열병을 앓을 때마다, 위로를 받고 절망의 고비를 견뎌내기 위해 아프로디테를 부른다. 그의 가슴은 아프로디테의 숨결로 채워지길 원한다. 실연의 순간 아프로디테를 부르는 사포의 시 하나를 긴 호흡으로 읽어보기로 하자.

화려한 권좌를 누리는 불사신 아프로디테, / 제우스의 따님이여, 꾀를 잘 짜내는 당신께 기도합니다. / 부디 고통과 슬픔으로 짓누르지 마세요, 나의 / 마음을, 고귀한 이여, // 그 대신 이곳에 오세요, 만약 그 언젠가 다른 곳에서도 / 나의 목소리를 멀리서 듣고 / 귀기울이시다가, 아버지의 황금집을 남겨두고 / 오신 적이 있다면 // 마차에 멍에를 지우고

난 뒤, 당신을 모시고 아름답고 / 빠른 참새들이 검은 땅 너
머로 / 빼곡한 날개를 퍼덕이며 천공으로부터 / 그 사이를
지나, // 곧장 오셨지요. 그대, 아 복된 이여, / 영원히 죽지
않을 얼굴에 웃음 지으며 / 물으셨죠. 내 무엇을 또 겪었냐
고. 왜 / 또다시 불렀냐고. // 무엇이 일어나기를 가장 원하
느냐고 / 격앙된 마음에. "누굴 또 설득하여 / 곧장 그녀를
너의 사랑 안으로 이끌까? 누가 너에게, 아 / 사포, 잘못한
거지? // 만약 그녀가 도망간다면, 곧 그녀는 좇아오게 될 거
야. / 만약 그녀가 선물을 받지 않고 있다면, 거꾸로 그녀가
주게 될 거야. / 만약 그녀가 사랑하지 않는다면, 곧 그녀가
사랑하게 될 거야, / 그녀가 원하지 않는다 해도." // 오세요,
나에게 지금. 힘겨운 걱정에서 나를 / 풀어주세요 모든 것
을 이루어주세요. 내 / 마음이 갈망하는 모든 것을. 그리고
당신이 직접 / 동맹군이 되어주세요. (사포 조각글 1)

권태로운 일상의 평범함을 벗어나 그녀에게 아픔으로 또는
희락으로 일렁이는 그 무슨 감정. 그리고 그를 초월하는 힘.
그녀는 그 모든 것에서 신의 숨결을 읽고, 기원하며, 노래한다.
그녀는 모든 존재 안에서 모든 존재를 아름답고 신성하게 만
들어주는 신비한 힘을 읽는다. 사랑의 형이상학. 일어나는 현
상은 눈에 보이는 것 그대로만은 아니나. 사냥에 내해서도 이
는 마찬가지인 것이다.

그녀에게 또 다른 위안이 있다면 그것은 신과 함께 더불어

아름다운 자연을 누리는 것. 이것은 사랑하는 사람의 아름다운 자태와 인격에 즐거움을 느끼는 것과 통한다. 아름다운 사람 역시 아름다운 자연의 일부이기에. 하지만 그 사랑의 감정은 널리 자연에 대한 사랑과 기쁨으로 퍼져나간다. 시냇물의 경쾌하고 명랑한 흐름 안에서, 과일나무 그늘과 꽃잎, 나뭇잎의 살랑거림.

그 모든 색깔과 소리와 냄새를 부드럽게 전해주는 바람결. 이 모든 것은 신들이 즐기는 넥타르에 다름 아니며, 이곳으로 그녀는 사랑의 신 아프로디테를 초대한다. 도자기의 파편 위에 남겨져 전해 오는 사포의 시 한 편은 이러한 기쁨을 담고 있다.

이곳으로 오세요, 나에게 크레타로부터 이 성스러운 / 신전으로 사랑스런 사과나무 / 작은 숲으로. 제단에는 향료가 / 불타오르고 // 그 안엔 차가운 물이 졸졸 소리 냅니다. 사과나무 / 가지들 사이로. 장미들로 그곳 전체가 / 그늘져 있고, 흔들리는 잎새 사이로 / 안면(安眠)이 쏟아져 내립니다. //

그 안엔 말을 먹이는 초원이 봄꽃을 / 피우고. 바람결이 / 달콤하게 불어올 제면 [   ] / [   ]18) // 이곳으로 진정 그대 화관을 취하신 후 / 황금 술잔 안에 부드럽게 / 술잔치와 어울리는 넥타르를 / 부어주소서. (사포 조각글 2)

자연의 아름다움과 사랑의 감정 안에 깃든 신비롭고 신성한 힘의 존재를 느끼며 볼 줄 알았던 사포. 그리고 이것을 아름다운 시심으로 노래할 수 있었던 그녀. 그녀는 진정 인간의 몸을 빌려 이 땅에서 살았던 열 번째 뮤즈였던 것이다.

핀다로스, 올림피아의 영광을 찬양하는 시인

그리스 전통 시문학사에서 시인의 역할을 가장 잘 이해하고 있던 시인. 그리고 그 역할을 자신의 시에 가장 정확하게 표현한 시인. 그가 바로 핀다로스다. 전설 속의 영웅을 불멸의 신들과의 관계 속에서 노래한 호메로스, 사람들이 어떻게 살아야 할 것인지 인간의 본분과 정의가 무엇인지를 밝히기 위해 세계 질서의 구석구석을 지배하는 신들의 탄생과 그 계보를 노래했던 헤시오도스, 그리고 뮤즈의 영감으로 자신만의 독특한 감정과 새롭게 자각한 가치관을 솔직하게 노래했던 선구자 아르킬로코스와 사포. 그들에 이어 이제 핀다로스를 얘기할 시점이다. 핀다로스를 빼고 고대 그리스 시를 얘기할 수 없다. 서사시로 철학을 담아낸 파르메니데스와 활동시기가 같은 것으로 추정되는 핀다로스(기원전 518~438년)는 서사시와 서정시의 중요한 특성들을 웅장하고 조화롭게 결합한 시를 보여준다. 그는 자기 개인의 사사로운 경험, 감정이나 사건을 노래하지 않는다. 온전하게 남아 있는 그의 시는 승리의 찬가다. 국민 제전으로 전 그리스 세계를 대상으로 열린 올륌피아(Olumpia) 경기를 비롯하여 제우스에게 바치는 네메아(Nemea) 경기, 아폴론 신에게 바치는 퓌티아(Phythia) 경기, 포세이돈에게 바치는 이스트미아(Isthmia) 경기 등 각종 경기에서 빛나는 활약을 보이며 우승한 승리자를 서사시의 영웅 못지않게 찬양하고 있기에, 오히려 그의 시는 서사적이다.

> 나에겐 신들의 가호 덕택에 어디에든 수많은 길이 있다 / 오 멜리소스, 이스트미아 경기에서 훌륭한 투지를 보여줬으니 / 그대 가문의 탁월함을 찬가로써 좇나니. (이스트미아 찬가 4)[19]

찬가를 받을 만한 사람에게 합당한 찬가를 보내는 일. 특히 힘들고 어려운 경기를 통해 탁월한 재능과 체력·기술을 보여준 운동경기자들에게 합당한 찬가를 지어주는 일.(「이스트미아 찬가」 3번 참조) 핀다로스는 이것을 시인의 임무로 믿고 있다. 이와 같은 믿음은 그의 거의 모든 시에서 찾을 수 있다. 이런 점에서 그는 현대적인 의미의 서정시인은 아닐 것이다. 사실 말의 뿌리를 따져보면 '서정시'나 '서정성'으로 번역될 수 있는 그리스어 뤼리코스(lurikos)에는 개인의 감정을 노래한다는 '서정성'의 개념보다는 호메로스 서사시에 포르밍크스(phorminks)라고 불리며 사용되던 악기 이름 뤼라에 바탕을 둔 '음악성'의 개념이 강하게 들어 있다. 핀다로스는 이와 같은 서정시의 음악적 본질과 그 위력을 잘 알고 표현하였다.

　　황금의 포르밍크스, 아폴론과 보랏빛 화관을 쓴 / 뮤즈들의 공동 재산, 그대를 들으며 / 발 구름은 축제의 즐거움을 열고, / 따르는구나, 노래하는 이들도 그대 신호를 / 코러스를 이끄는 서곡의 / 첫 가락을 그대 떨면서 울려낼 그때. / 창날로 번쩍이는 번개마저 끄는구나, 그대 / 그 영원한 불꽃을. 자고 있구나, 저 위 / 제우스의 홀 위에서 독수리가, 날 / 센 날개를 양쪽으로 늘어뜨린 채, // 새들의 왕이. 검게 짙은 구름을 그의 / 구부러진 머리 위에, 달콤한 눈꺼풀의 빗 / 장을, 쏟아 부으니. 자면서도 그는 / 유연한 등을 들썩거리며, 그대가 / 던지는 리듬에 사로잡혀. 그리고 난폭 / 한 아레스도, 잔혹한 창을 한쪽에 놓아 / 쉬게 하며, 달래는구나, 그 마음을 / 잠으로써. 그대 화살은 신성한 신들의 마음 / 마저 매혹하나니, 저 둘 곧 레토의 / 아들과 깊숙한 허리띠의 뮤즈들의 지혜로써. (퓌티아 찬가 1)

　　그의 서정시의 특징은 물론 누구도 흉내낼 수 없었던 치밀하고 경쾌하며 엄격한 운율에서 뿜어져 나오는 음악성에서도 찾을 수 있다. 뮤즈 여신들과 레토의 아들 아폴론이 만들어내는 음악과 시는 즐거운 축제를 열어놓으며, 제우스의 번개와 그의 새 독수리를 잠재운다. 아레스가 일으키는 전쟁의 갈등도 이젠 그만. 모든 사람들은 즐거운 마음으로 축제를, 음악과 시를 즐기는 것이다.

하지만 다른 서정시인들과 핀다로스를 구별 짓는 또 다른 특징은 그의 시가 갖는 내용이 서사적이라는 사실에서 부각된다. 현재의 영웅을 노래하되 자신에게서 멀리 떨어져 있는 아득한 과거의 전설과 신화를 엮어 현재를 영원성의 틀 안에 담아내고 있는 것이다. 죽을 수밖에 없는 유한한 인간은 영원함을 꿈꾼다 — 고대 그리스인들은 사멸의 유한성을 불멸의 명예 안에서 초월하려고 했다. 그들의 영원 지향성은 그토록 인간적인 것이었다. 이 같은 정신의 풍토 속에서 영웅과 신, 개인과 사회의 영속성을 보장해주는 것은 바로 그들의 위대성, 소멸의 운명을 넘어 지속될 가치를 지닌 위대한 개인과 그 행적을 아름답고 숭고한 언어와 운율에 담아 길이 찬양하는 시인들의 시였다. 핀다로스의 시에는 이와 같은 시인의 역할에 대한 정확한 이해가 표현되고 있다.

    술잔을, 마치 어떤 이가 부유한 손으로 들어올려 / 그 안
    이 포도의 이슬로 출렁이는 술잔을 / 선사하려는 것처럼 /
    젊은 사위에게 건배를 하며 가문에서 가문으로, 황 / 금제
    잔, 재산의 극치를 / 향연의 기쁨과, 그 혼인의 인연을 명예

/ 롭게 하며, 친구들이 / 모인 자리에서 그를 한마음 이루는
신방으로 부러움을 사도록 세우듯, // 그처럼 나도 채워진
넥타르를, 뮤즈들의 선물을, 상을 탄 / 사나이들에게 가져와,
내 마음의 감미로운 열매로, / 신의 은총 비나니, / 올륌피아
와 퓌티아 경기의 승리자들을 위해. 행복하도다, / 훌륭한
평판에 사로잡힌 이는. (올륌피아 찬가 7)

시인의 노래는 시인의 영혼이 알알이 영글어진 포도송이
같은 열매며, 이것은 빚어져 신들이 마시는 영생의 음료, 넥타
르가 되어 승리의 영광을 위해 제공된다. 시인의 시는 뮤즈들
의 선물이며, 올륌피아 경기와 퓌티아 경기에서 빼어난 활약
을 보이며 승리를 거둔 우승자들에게 신의 은총으로 내려져
명성과 영광을 드높이며, 우승자의 빼어난 모습을 영원히 지
속하게 만드는 힘을 갖고 있다. 시인의 시는 신부를 맞이하는
준수한 새 신랑에게 흐뭇한 장인이 선사하는 가보, 집안의 권
세와 재산의 극치를 보여주는 황금잔과 같은 것이다. 순결한
신부와 한마음으로 누릴 사랑의 기쁨. 두 젊은이들의 결혼으
로 맺어지는 훌륭한 두 가문의 명예로운 연분─시는 이 기쁨
과 명예에 울려 퍼지는 축복의 건배와 같은 것으로 경기의 영
웅에게 주어지는 것이다. 핀다로스는 자신의 시가 무엇인지를
잘 알고 있었다. 어떤 가치를 지니고 있는지를 정확하게 인식
하고 있었다. 사람이란 한번 태어나면 반드시 죽게 되며, 그렇
게 한번 죽어 없어지고 나면 그 후에 남는 것은 빛나는 명성

뿐. 이야기꾼들과 노래꾼들이 전하는 찬가뿐이다. 우승자는 관중들의 갈채와 축하의 향연에서 기쁨을 누린다. 하지만 그 순간이 지나고, 뛰어난 승리자도, 환호하던 관중들도 사라져 버린다. 오로지 시인의 언어 속에 담겨 전해질 때, 그의 행적은 무너지지 않는 기념비로 남아 영원히 가슴에서 울려 퍼진다. 즉, 승리자의 활약은 찰나로 지나가고, 그 또한 사라지고, 그의 모습을 생생히 기억하는 이들과 그를 노래했던 시인들도 역시 사라지지만, 시인의 시만은 영원히 남아 승리자의 모습을 불멸의 장면 속에서 지속시킨다. 결국 불멸과 영원을 꿈꾸는 인간들은 자신의 한계를 넘어서게 하는 시의 찬양을 추구하게 되는 것이다.

> 사람들에게 바람이 그 무엇보다도 / 필요할 때가 있지. 하지만 어떨 때는 하늘의 물, / 구름이 낳은 비 내리는 자식들이 필요하다네. / 하지만 누군가가 힘써 훌륭한 일 해낸다면, 꿀맛 같은 찬가가 / 먼 훗날 이야기될 명성의 시작 / 이라네, 위대하고 탁월한 일에 믿음직한 맹세라네. (올림피아 찬가 11)

이 시는 올림피아 권투 경기에서 승리한 하게시다모스에게 바쳐진 찬가다. 핀다로스는 자신의 역할, 자기 혀의 임무를 분명하게 인식하고 있다. "승리자에게 바쳐진 황금의 월계관 위에 꿀처럼 달콤한 노래의 장식을 울리게 하여" 사람들의 기억과 입을 통해 전해져 영원히 이야기될 명성의 시작점을 찍는 것. 경기자의 탁월한 행적을 위대한 것으로 들어올려 전하되, 진정 믿을 만한 것으로 서약해주는 것. 이로써 시인의 노래는 의사가 레슬링 경기를 막 끝낸 승리자의 육체적인 피로를 풀어주기 위해 마사지를 하는 것으로 비유된다. 시인의 노래는 따뜻한 물에 온몸을 담그고 편안하게 쉬는 것보다 더 큰 위안과 기쁨을 승리자의 영혼에 제공해준다. 언어는 행위보다 오래 남기에. 인생은 짧게 끝나지만, 시인의 가슴에서 퍼 올려진 언어로 스쳐가는 인생을 담은 시는 길게 남기에.

　가장 좋은 기쁨은 힘든 경기 끝난 뒤에 찾아오는 / 의사. 지혜로운 / 뮤즈들의 딸, 노래는 그를 매혹적인 손길로 달래는 법. / 따뜻한 물이 풀어주는 것에 어찌 비교할까 / 팔다리를, 포르밍크스 반주로 울리는 찬가가 풀어주는 것에. / 언어란 행적보다 더 오랜 시간 살아남는 것. / 그것은 은혜의 여신들이 베푸는 행운 덕택에 / 혀가 마음 깊은 곳에서 퍼 올리는 것. (네메아 찬가 4)

　승리자는 찬양되길 갈구한다. 그리고 시인은 기꺼이 노래하며, 승리자의 영광과 함께 살아남는다. 승리의 순간에 일어났던 감동은 축제의 찬가 속에 새롭게 울리며, 지나간 그 순간의 전율을 재생시킨다. 승리자의 영광, 관중들의 환호, 축제의 환희, 이 모든 격정이 시인의 영혼으로부터 퍼 올려진 언어에 담겨 웅장하고 길이 남는 기념비로 세워진다. 그리고 바라보던 사람들 또한 그들의 모든 감각을 스쳐지나간 그 경이로운 순간을 새롭게 떠올리며 즐기려 한다. 그들 또한 뮤즈의 음성을, 시인의 찬가를 갈구하는 것이다.(네메아 찬가 3)

핀다로스는 여느 시인들처럼 뮤즈의 목소리로 뮤즈들과 더불어 신의 탄생과 행적을, 영웅들의 용기와 활약을 웅장한 언어에 담아 경쾌하고 다양한 색채의 운율로 엮어낸다. 헤시오도스처럼 뮤즈를 힘입어 제우스를 찬양하고, 신들의 역할과 의미를 드러낸다. 그러나 핀다로스는 ㄱ 영원하고 보편적인 신의 세계와 가치체계를, 특정하고 순간적인 역사적 개인에 투사시킨다. 숭고한 언어와 치밀한 운율은 시의 외형에 웅장한 질서를 줄 뿐만 아니라, 구체적인 현재를 지배하는 현상 배후의 보편적인 질서에 대한 객관적 통찰을 단단하게 구조화시켜준다. 시간과 공간의 범위를 길고 넓게 확장시킨 시야 속에서 우승자 개인은 정교한 원근법적인 조준에 의해 초점 잡힌다. 핀다로스가 보여주는 대상 포착의 기법은 높은 우주의 고도에서 지상의 한 점으로 하강하는 아찔한 속도를 정확하게 길 잡아준다. 핀다로스의 이와 같은 작시 기법에 의해 각종 운동경기의 승리자는 지상의 한 점에서 곧바로 천상의 제우스와 여러 신들의 가호를 받으며 불멸의 영광을 획득하게 된다.

한편 그의 시가 담기는 운율은 독보적이다. 그리스 문학사에서 시적 운율만을 고려할 때 가장 완숙한 형태를 닮은 시인이 바로 핀다로스다. 그의 시는 매우 치밀하고 입체적인 규칙에 따라 웅장하고 다양한 운율로 짜여져 있다. 그의 찬가들은 한 결같이 하나의 연(聯 ; strophê)이 복잡한 규칙의 운율로 하나의 큰 단위를 이루고, 그와 똑같은 운율의 새로운 연(antistrophê)이 복제되어 뒤따른다. 이 두 연이 큰 대들보처럼 세워지면 다른 운율로 구성된 마지막 연(epodos)이 마무리로 지붕처럼 얹혀진 다. 이 세 연이 하나의 단위, 말하자면 삼연일부(triade)를 형성 한다. 이와 같이 호흡이 긴 운율이 치밀하고 엄격하게 단위를 이룬 경우는 핀다로스 이전에도, 이후에도 찾아보기 힘들다. 서사시와 서정시가 융합된 형태의 웅장한 시를 써 살아 있는 당대의 영웅들을 노래한 핀다로스는 시대 장르인 서정시의 최 고 절정을 장식하였다. 더 이상의 서정시는 불가능하였을까? 그 이후에 그리스 서정시는 쇠퇴한다. 그 자리를 이어 아이스 킬로스, 소포클레스, 유리피데스라는 대가들이 이끌어간 비극 과 아리스토파네스와 메난드로스로 대표되는 희극이 중심적 인 장르로 자리잡는다. 그리고 핀다로스에서 절정에 이른 합 창의 서정시는 비극과 희극의 코러스 부분으로 편입되어 살아 남게 된다.

글을 마무리하며 ·

신과 더불어 세상을 바라보며 사랑하며 즐기던 그리스인들. 그리고 이를 예술적으로 승화시켜준 그리스의 시인들과 그들의 작품 속에 그려진 그리스의 신들. 이러한 문화의 총체성 속에서 그리스인들이 얼마나 신과 더불어 자유롭고 행복했었는지 우리는 좀더 객관적이고 포괄적으로 살펴보아야 한다. 그리스인들의 사고가 단순히 유쾌한 신화적 차원에서 머물지 않고, 종교적인 차원 속에서 강압적인 사회적 힘을 형성하기도 했기 때문이다. 신을 부정하고 종교적인 질서를 어지럽혀 사회를 혼란스럽게 한다고 고발당했던 고대 철학자 아낙사고라스를 기억해야 한다. 같은 이유로 독배를 마셔야 했던 지혜의 소크라테스와 아테네가 또다시 철학자를 죽이는 과오를 범해서는 안 된다며 아테네를 몰래 떠나야 했던 아리스토텔레스를 역시 기억해야 한다. 우리가 기억해야 할 철학자들뿐만 아니라, 이름 모를 많은 사람들이 당했을 핍박은 그리스인들이 신과 더불어 자유롭고 즐거웠던 것만은 아니라는 사실을 시사해주고 있다. 종교적인 권위를 내세우며 그리스의 종교적·정치적 실권자들은 그리스의 신들을 이용하여 그리스인들을 억누르고 두렵게 만들었던 것은 아닐까? 우리는 그와 같은 흔적을 여러 가지 자료와 근거를 들어 증명할 수 있을 것이다. 종교적행사로 대중을 움직일 수 있었던 그리스 사회를 충분하게 그려볼 수 있을 것이다.

하지만 이 책에서 우리가 관심을 집중시킨 것은 바로 시인들의 시와 그 시 안에 펼쳐지는 자유로운 상상력이다. 그것만을 따로 떼어내서 생각해본다면, 결국 문학과 시와 노래 속에전해져 오는 그리스인들의 신과 이들 신이 인간들과 어우러지는 상상력의 세계 속에서, 시인들이 꿈꾸던 자유를 맛볼 수있을 것이다. 종교적 억압 아래서 자유로운 사상을 갈망하던서구 근대 초기의 르네상스 인문주의자들이 그랬던 것처럼말이다.

지금까지 짧은 지면을 통해 우리가 살펴본 것은 그리스의서사시인과 서정시인들이다. 하지만 그리스 시의 세계를 총체적으로 살펴보려고 한다면, 서정시의 쇠퇴와 맞물려 새롭게피어난 그리스 고전시대의 극시문학의 세계를 더불어 살펴보아야 한다. 특히 비극과 희극을 시가 가질 수 있는 최고의 형태로 간주한 아리스토텔레스와 동시대인들의 평가를 주목한다면 말이다. 하지만 비극과 희극의 극시는 내용과 형식에서 이전 시대의 장르를 포섭하면서도 새로운 장르를 형성했던 것이다. 서사시로부터 줄거리의 구조와 전통을 받아들였으며, 서정시로부터 음악적인 다양성과 운율을 계승하여 종합하였기 때문이다. 특히 서정시의 개성자각의 특성은 개별적인 인간행동의 세계를 무대 위에 구현한 극시의 요소에 중요한 것으로 작용하고 있음을 부인할 수 없을 것이다. 따라서 서정시인들과 서사시인들의 전통은 그리스 문화사 속에서 사라진 것이 아니라, 비극과 희극의 체계 속에 계속 깃들여 숨쉬고 있다고 말할 수 있다. 더욱이 개성 있는 인간들의 행위가 인간 세계의 지평 위에서 전개되는 비극과 희극의 세계가 여전히 신들의 운동과 섭리에 근거하고 있다는 사실은 서사시의 전통이 극시라는 장르 속에서 끊임없이 살아 있음을 입증하고 있는 것이다.

주

1) 아리스토텔레스의 *De anima* A2에 기록되어 있음. 이태수, 「호 메로스의 서사시에 나타난 신의 모습」(『희랍 라틴 문학 연구』, p. 118)에서 재인용.

2) 뮤즈(Muse)라는 한국어 표기는 영어식 발음에 따른 것이다. 이 단어의 뿌리가 되는 그리스 단어는 Mousa이며, 한국어로 표기하면 무사라고 표기해야 옳다. 하지만 뮤즈라는 표기가 널리 사용되고 있는 사정을 고려해서 이 책에서는 무사 대신 뮤즈를 사용한다. 그 이외의 다른 고유명사는 가능한 한 그 리스 원어를 기준으로 그에 가깝게 표기할 것이다.

3) 호메로스 문제에 관한 보다 자세한 사항은 A. 호이벡(Heubeck) 의 *Die Homerische Frage, Darmstadt*, 1974 참조.

4) 『일리아스』의 번역을 위한 그리스어 원본은 D.B. 몬로(Monro) 와 T.W. 알렌(Allen)이 편집한 *Homeri opera* I/II, Oxford, 1920(3 판, 초판은 1902)를 사용하였음.

5) 『오뒷세이아』의 번역을 위한 그리스어 원본은 T.W. 알렌(Allen), *Homeri Opera* III/IV, Oxford, 1917(2판, 초판은 1908)을 사용하 였음.

6) "Ohne Musik wäre das Leben ein Irrtum", Nietzche, *Götzen-Dämmerung*, Sprüche und Pfeile 33.

7) *Certamen Homeri et Hesiodi* (A. Rzach, Teubner 판 *Hesiod*[3] (1913), p. 237 이후) 참조.

8) 헤시오도스의 서사시 『일과 날』과 『신통기』의 번역을 위한 그리스어 원문은 R. 메르켈바흐(Merkelbach)와 M.L. 웨스트 (West)가 편집한 Hesiodi Theogonia, Opera et dies, Scutum, Oxford, 1990(3판, 초판은 1970)을 사용하였음.

9) 〔 〕 안의 내용은 문헌학적으로 문제가 되는 구절에 대한 표 시로서 원전을 토대로 텍스트를 편집하는 사람에 따라 빼기도 하고 넣기도 한다.

10) 고대 그리스 시인들과 철학자들의 글은 완전한 형태로 남아 있는 경우도 있지만, 완전하지 않은 조각글의 형태로 남아 있 는 경우도 적지 않다. 이 경우, 전체 원문의 파피루스가 온전하

게 보존되지 않아 물리적으로 파편인 경우도 있고, 원문은 사
라졌지만, 후대 작가들의 작품 안에 인용문 형태로 단편적으로
살아남은 경우가 또 있다. 이를 통틀어 조각글(fragmenta)이라
고 칭한다.

11) 파르메니데스 조각글의 번역을 위한 그리스어 원문은 H. 딜
스(Diels)가 처음 편집하고(초판 1903) 1934년부터 W. 크란츠
(Kranz)가 5판(1953)부터 고치고 보충하여 편집한 *Die
Fragmente der Vorsokratiker* I, Berlin, Weidmann, 1951(6판)을 사
용하였음.

12) 아르킬로코스 시의 번역을 위한 그리스어 원문은 M.L. 웨스
트(West)가 편집한 Iambi et Elegi Graeci; ante Alexandrum
cantati, Oxford, 1998(2판, 초판은 1971)을 사용하였음.

13) 아리스토텔레스 『시학』 4, 1449a21-28, 1459a10-12 ; 『수사학
』 III, 8, 1408b33-35 참조.

14) 『시학』 4, 1448b24-34.

15) 파피루스 원문에 파손이 되어 해독 불가능한 부분임.

16) 사포 시의 조각글 번호와 원문은 E. 로벨(Lobel)과 D. 페이지
(Page)가 편집한 *Poetarum Lesbiorum Fragmenta* (Oxford, 1955)를
사용하였음.

17) 정혜신, 『그리스 문화 산책』, 서울, 민음사, 2003, p. 339에서
재인용.

18) 각주 15 참조.

19) 핀다로스 시의 그리스어 원문은 C.M. 바우라(Bowra)가 편집
한 *Pindari Carmina cum Fragmentis*, Oxford, 1947 (2판, 초판은
1935)를 사용하였음.

참고문헌

1. 이 글과 관련된 한국 학자들의 연구 성과를 소개한다. (주제에 따라 나열하였음).

(1) 그리스 원문 대조 한국어 번역

천병희, 『일리아스』, 서울, 단국대, 2001 (2판, 초판은 1966).

천병희, 『오뒷세이아』, 서울, 단국대, 2000 (2판, 초판은 1996).

천병희, 『신통기』, 서울, 한길사, 2004.

천병희, 『아리스토텔레스의 『시학』』, 서울, 문예출판사, 2002 (초판 1976).

(2) 저술 단행본 및 번역서

성균관대 인문과학연구소 편, 『희랍라틴문학연구』, 서울, 성균관대, 1993 가운데,

- 이태수, 「호메로스의 서사시에 나타난 신의 모습」, pp. 117-145.

- 이태수, 「호메로스의 인간관」, pp. 147-177.

- 천병희, 「핀다로스 시의 이해」, pp. 31-91.

브루노 스넬(김재홍 역), 『정신의 발견 – 서구적 사유의 그리스적 기원』 가운데 제1-4장, 서울, 까치, 1994, pp. 17-145.

정혜신, 『그리스 문화 산책』 가운데 「사포」, 서울, 민음사, 2003, pp. 331-372.

김상봉, 『그리스 비극에 대한 편지 』 가운데 「네 번째 묶음 – 서사시와 서정시 그리고 비극」, 서울, 한길사, 2003, pp. 171-264.

(3) 학위 논문

강대진, 「호메로스의 『일리아스』의 전투장면의 구조」, 서울대

(박사학위논문), 2001.

김헌, 「호메로스의 『일리아스』에 나타난 아킬레우스의 분노와 제우스의 뜻」, 서울대(석사학위논문), 1997.

안재원, 「헤시오도스의 『신통기』에 나타난 호메로스의 수용과 변형」, 서울대 (석사학위논문), 1996.

김진식, 「뮤즈 여신들의 선물과 툴레모쉬네 ─ 아르킬로코스의 단편 1, 13, 128W를 중심으로」, 서울대 (석사학위논문), 1997.

강철웅, 「파르메니데스에서 진리와 독사(Doxa) ─ 세 텍스트 부분의 상호연관에 주목한 파르메니데스 단편 해석」, 서울대 (박사학위논문), 2003.

(3) 『서양고전학연구』 수록 논문

김상봉, 「공간과 질서 ─ 고대 그리스 신화의 세계 이해 방법」, 11집 (1997), pp. 1-25.

장영란, 「그리스 신화와 철학에 나타난 네 요소에 관한 철학적 상상력의 원천 (1)」, 14집 (2000), pp. 1-32.

강대진, 「『일리아스』에 나타난 네 영웅의 죽음」, 11집 (1997), pp. 27-51.

김헌, 「아킬레우스의 분노와 제우스의 뜻」, 11집 (1997), 53-81.

강대진, 「호메로스 『일리아스』의 대결장면의 배치와 기능」, 14집 (2000), pp. 33-62.

송문현, 「호머 시에 있어서의 王(basileus)과 정치조직」, 4집 (1990), pp. 69-101.

Yu-Gundert, 「Dike bei Homer und Hesiod」, 4집 (1990), pp. 133-156.

강철웅, 「파르메니데스의 철학 단편에서 서시의 의미와 역할」, (2004), pp. 1-36.

김남두, 「파르메니데스의 단편에서 탐구의 길과 존재의 규범적 성격」, 17집 (2001), pp. 1-26.

2. 이 글과 관련된 외국 학자들의 연구 성과 일부를 소개한다.

(1) 그리스 문학사

Fränkel (H.), Dichtung und Philosophie des frühen Griechentums, München, 1962.

Lesky (A.), Geschichte der Griechischen Literatur, Bern, München, 1971 (3판)

Easterling (P.E.), Knox (B.M.W.) 편, Cambridge History of Classical Literature, vol. 1, Cambridge, 1985.

Saïd (S.), Trédé (M.), Le Boulluec (A.), Histoire de la littérature grecque, Paris, 1997.

(2) 호메로스

Prendergast (G.), A complete concordance to the Iliad, London, 1875 (Hildersheim, 1960 재인쇄).

Dunbar (H.), A complete concordance to the Odyssey, Oxford, 1880 (Hildesheim, 1962 재인쇄).

Leaf (W.), The Iliad I/II, London, 1900~1902 (Amsterdam, 1971 재인쇄).

Kirk (G.S.), The Iliad: A Commentary I (1-4) / II (5-8), Cambridge, 1985~1990.

Hainsworth (J.B.), The Iliad: A Commentary III (9-12), Cambridge, 1993.

Janko (R.), The Iliad: A Commentary IV (13-16), Cambridge, 1992.

Edward (M.W.), The Iliad: A Commentary V (17-20), Cambridge, 1991.

Richardson (N.J.), The Iliad: A Commentary VI (21-24), Cambridge, 1993.

Heubeck (A.), West (S.), Hainsworth (B.), Hoekstra (A.) , A Commentary on Homer's Odyssey, Oxford, 1988~1991.

Bowra (C.M.), Homer, London, 1972.

Bremer (J.M.), Homer beyond Oral Poetry, Amsterdam, 1987.

Chantraine (P.), Grammaire homérique, 2 vol. Paris, 1942~1953.

Griffin (J.), Homer on Life and Death, Oxford, 1980.

Kirk (G.S.), Homer and the Oral Tradition, Cambridge, 1978.

Latacz (J.), Homer, der erste Dichter des Abendlands, München-Zurich, 1989.

Mazon (P.), Introduction à l'Iliade, Paris, 1948.

Parry A. (ed.), The Making of Homeric Verse. The Collected Papers of Milman Parry, Oxford, 1971.

(3) 헤시오도스

West (M.L.), Hesiod, Theogony, edited with Prolegomena and Commentary, Oxford, 1966.

West (M.L.), Hesiod, Works ans Days, edited with Prolegomena and Commentary, Oxford, 1978.

Hofinger, Lexicon Hesiodeum cum indice inverso, Leiden, 1973~1978 (증보판 1985).

Détienne (M.), Crise agraire et attitude religieuse chez Hésiode, Bruxelles, 《coll. Latomus》 , 68, 1963.

Diller (H.), "Hesiod und die Anfänge der griechischen Philosophie", Antike und Abendland 2 (1946), pp. 140-151.

Hamilton (R.), The Architecture of Hesiodic Poetry, John Hopkins, 1989.

Lamberton (R.), Hesiod, Darmstadt, 1966 (Wege der Forschung, 44).

Leclerc (M.-C.), La parole chez Hésiode, Paris, 1993.

Nicolaï (W.), Hesiods Erga: Beobachtungen zum Aufbau, Heidelberg, 1964.

Pucci (P.), Hesiod and the language of Poetry, Baltimore, 1977.

Stellingen, Hesiod and Parmenides: A new view on the Cosmologies and on Parmenides Proem, Maja Eleonore Pellikann-Engel, 1974.

Uhde (B.), "Das Werden Gottes. Zur Theogonie des Hesiod", Theologie und Philosophie 55 (1980), pp.535-558.

Vernant (J.-P.), Mythe et société en Grèce ancienne, Paris, 1974.

(4) 파르메니데스

Austin (S.), Parmenides: Being, Bounds and Logic, New Haven, London, 1986.

Barnes (J.A.), The Presocratic philosophers, 2 vol., London, 1797.

Beaufret (J.), Le poème de Parménide, Paris, 1955.

Corderon (N.-L.), Les deux chemins de Parménide: Édition critique, traduction, études et bibliographie, Paris, 1984.

Couloubaritsis (L.), Mythe et philosophie chez Parménide, Paris-Bruxelles, 1986.

Coxon (A.H.), The Fragments of Parmenides: A Critical Text with Introduction, Translation, the Ancient Testimonia and a Commentary, Assen, 1986.

Long (A.A.), "The Principles of Parmenides' cosmology", Phronesis 8 (1963), pp. 90-107.

Mourelatos (A.P.D.), The Route of Parmenides: A Study of Word, Image, and Argument in the Fragments, New Haven and London, 1970.

O'brien (D.), Le Poème de Parménide: Texte, Traduction, Essai Critique, vol. 1 (Aubenque (P.), Études sur Parménide, 2 vol. Paris, 1987 가운데).

Ramnoux (C.), Parménide, Paris, 1979.

Reinhardt (K.), Parmenides, Bonn, 1916.

Tarán (L.), Parmenides. A text with translation, Princeton, 1965.

Vernant (J.-P.), Les origines de la pensée grecque, Paris, 1962.

Wyatt (W.F.), "The Root of Parmenides", Harvard Studies in Classical

Philology 94 (1992), pp. 113-120.

(5) 아르킬로코스

Bowra (C.M.), Greek Lyric Poetry from Alcman to Simonides, Oxford, 1961 (2판).

Burnett (A.P.), Three Archaïc Poets. Archilochus, Alcaeus, Sappho, London, 1983.

Davison (J.A.), From Archilochus to Pindar, New York, 1968.

Felson-Rubin (N.), "Some Functions of the Enclosed Invective in Archilochus' Erotic Fragment", Classical Journal 74 (1978/79), pp. 136-141.

Lasserre (F.), Les épodes d'Archiloque, Paris, 1950.

Lasserre (F.), Bonnard (A.), Les fragments d'Archiloque, Paris, 1958.

Miralles (C.), Portulas (J.), Archilochus and the Iambic Poetry, Rome, 1983.

Rankin (M.D.), Archilochus of Paros, Park Ridge, NJ, 1978.

(6) 사포

Campell (D.A.), Greek Lyric. vol. 1, Sappho, Alcaeus, Cambridge, 1982.

DeJean (J.), Fictions of Sappho, Chicago, 1989.

Hallett (J.P.), "Sappho and Her Social Context: Sense and Sensuality", Signs 4 (1979), pp. 447-464.

Page (D.L.), Sappho and Alcaeus, An Introduction to the Study of Ancient Lesbian Poetry, Oxford, 1955.

Rayor (D.J.), Sappho's Lyre: Archaic Lyric and Women Poets of Ancient Greece, Berkeley, 1991.

Skinner (M.B.), "Sapphic Nossis", Arethusa 22 (1989), pp. 5-18.

Voigt (E.M.), Sappho et Alcaeus, Amsterdam, 1971.

Wilamowitz (U.), Sappho und Simonides, Berlin, 1931.

(7) 핀다로스

Farnell (L.R.), The works of Pindar, I: Translations in rythmical prose with literary comments; II: Critical commentary; III: Text, 1930~1932.

Salter (W.J.), Lexicon to Pindar, Berlin, 1969.

Drachmann (A.B.), Scholia vetera in Pindarum, 3 vol. 1903~1927.

Bowra (C.M.), Pindar, Oxford, 1964.

Croiset (A.), La poésie de Pindar et les lois du lyrisme grec, Paris, 1880.

Crotty (K.), Song and Action: The Victory Odes of Pindar, Baltimore, 1982.

Gallet (B.), Rechers sur Kairos et l'ambiguïté dans la poésie de Pindare, Bordeaux, 1990.

Gundert (H.), Pindar und sein Dichterberuf, Tübingen, 1936.

Kohnken (A.), Die Funktion des Mythos bei Pindar, Berlin, New York, 1971.

Kurke (L.), The Traffic in Praise: Pindar and the poetics of social economy, Ithaca, 1991.

Schadewalt (W.), Der Aufbau des pindarischen Epinikion, Halle, 1928.

Segal (Ch.), Pindar's Mythmaking: the fourth Pythian Ode, Princeton, 1986.

Wilamowitz-Moellendorff (U.), Pindaros, Berlin, 1922.

고대 그리스 시인들

| 펴낸날 | 초판 1쇄 2004년 7월 30일 |
| | 초판 3쇄 2018년 6월 28일 |

지은이	김헌
펴낸이	심만수
펴낸곳	(주)살림출판사
출판등록	1989년 11월 1일 제9-210호

주소	경기도 파주시 광인사길 30
전화	031-955-1350 팩스 031-624-1356
홈페이지	http://www.sallimbooks.com
이메일	book@sallimbooks.com

| ISBN | 978-89-522-0274-0 04080 |
| | 978-89-522-0096-9 04080(세트) |

089 커피 이야기

eBook

김성윤(조선일보 기자)

커피는 일상을 영위하는 데 꼭 필요한 현대인의 생필품이 되어 버렸다. 중독성 있는 향, 마실수록 감미로운 쓴맛, 각성효과, 마음의 평화까지 제공하는 커피. 이 책에서 저자는 커피의 발견에 얽힌 이야기를 통해 그 기원을 설명한다. 커피의 문화사뿐만 아니라 커피에 대한 일반적인 정보 및 오해에 대해서도 쉽고 재미있게 소개한다.

021 색채의 상징, 색채의 심리

박영수(테마역사문화연구원 원장)

색채의 상징을 과학적으로 설명한 책. 색채의 이면에 숨어 있는 과학적 원리를 깨우쳐 주고 색채가 인간의 심리에 어떤 작용을 하는지를 여러 가지 분야의 사례를 통해 설명한다. 저자는 색에는 나름대로의 독특한 상징이 숨어 있으며, 성격에 따라 선호하는 색채도 다르다고 말한다.

001 미국의 좌파와 우파

eBook

이주영(건국대 사학과 명예교수)

진보와 보수 세력의 변천사를 통해 미국의 정치와 사회 그리고 문화가 어떻게 형성되고 변해왔는지를 추적한 책. 건국 초기의 자유방임주의가 경제위기의 상황에서 진보-좌파 세력의 득세로 이어진 과정, 민주당과 공화당의 대립과 갈등, '제2의 미국혁명'으로 일컬어지는 극우파의 성장 배경 등이 자연스럽게 서술된다.

002 미국의 정체성 10가지 코드로 미국을 말하다

eBook

김형인(한국외대 연구교수)

개인주의, 자유의 예찬, 평등주의, 법치주의, 다문화주의, 청교도 정신, 개척 정신, 실용주의, 과학 · 기술에 대한 신뢰, 미래지향성과 직설적 표현 등 10가지 코드를 통해 미국인의 정체성과 신념을 추적한 책. 미국인의 가치관과 정신이 어떠한 과정을 통해서 형성되고 변천되어 왔는지를 보여 준다.

058 중국의 문화코드

강진석(한국외대 연구교수)

중국의 핵심적인 문화코드를 통해 중국인의 과거와 현재, 문명의 형성 배경과 다양한 문화 양상을 조명한 책. 이 책은 중국인의 대표적인 기질이 어떠한 역사적 맥락에서 형성되었는지 주목한다. 또한, 구체적이고 실제적인 여러 사물과 사례를 중심으로 중국인의 사유방식에 대해 설명해 주고 있다.

057 중국의 정체성   eBook

강준영(한국외대 중국어과 교수)

중국, 중국인을 우리는 과연 어떻게 이해해야 하나? 우리 겨레의 역사와 직 · 간접적으로 끊임없이 영향을 주고받은 중국, 그러면서도 아직까지 그들의 속내를 자신 있게 말할 수 없는, 한편으로는 신비스럽고, 한편으로는 종잡을 수 없는 중국인에 대한 정체성을 명쾌하게 정리한 책.

015 오리엔탈리즘의 역사   eBook

정진농(부산대 영문과 교수)

동양인에 대한 서양인의 오만한 사고와 의식에 준엄한 항의를 했던 에드워드 사이드의 오리엔탈리즘. 이 책은 에드워드 사이드의 이론 해설에 머무르지 않고 진정한 오리엔탈리즘의 출발점과 그 과정, 그리고 현재와 미래의 조망까지 아우른다. 또한 오리엔탈리즘이 사이드가 발굴해 낸 새로운 개념이 결코 아님을 역설한다.

186 일본의 정체성   eBook

김필동(세명대 일어일문학과 교수)

일본인의 의식세계와 오늘의 일본을 만든 정신과 문화 등을 소개한 책. 일본인을 지배하는 이데올로기는 무엇이고 어떤 특징을 가지는지, 일본을 주목해야 하는 이유는 무엇인지 등이 서술된다. 일본인 행동양식의 특징과 토착적인 사상, 일본사회의 문화적 전통의 실체에 대한 분석을 통해 일본의 정체성을 체계적으로 살펴보고 있다.

261 노블레스 오블리주 세상을 비추는 기부의 역사

예종석(한양대 경영학과 교수)

프랑스어로 '높은 사회적 신분에 상응하는 도덕적 의무'를 뜻하는 노블레스 오블리주. 고대 그리스부터 현대까지 이어지고 있는 노블레스 오블리주의 역사 및 미국과 우리나라의 기부 문화를 살펴보고, 새로운 시대정신으로 노블레스 오블리주를 부활시킬 수 있는 가능성을 모색해 본다.

396 치명적인 금융위기, 왜 유독 대한민국인가 eBook

오형규(한국경제신문 논설위원)

이 책은 전 세계적인 금융 리스크의 증가 현상을 살펴보는 동시에 유달리 위기에 취약한 대한민국 경제의 문제를 진단한다. 금융안정망 구축 방안과 같은 실용적인 경제정책에서부터 개개인이 기억해야 할 대비법까지 제시해 주는 이 책을 통해 현대사회의 뉴노멀이 되어 버린 금융위기에서 살아남는 방법을 확인해 보자.

400 불안사회 대한민국, 복지가 해답인가 eBook

신광영(중앙대 사회학과 교수)

대한민국 사회의 미래를 위해서 복지는 선택이 아니라 필수라고 말하는 책. 이를 위해 경제 위기, 사회해체, 저출산 고령화, 공동체 붕괴 등 불안사회 대한민국이 안고 있는 수많은 리스크를 진단한다. 저자는 사회적 위험에 대응하기 위한 복지 제도야말로 국민 모두의 삶의 질을 높일 수 있는 길이라는 것을 역설한다.

380 기후변화 이야기 eBook

이유진(녹색연합 기후에너지 정책위원)

이 책은 기후변화라는 위기의 시대를 살면서 우리가 알아야 할 기본지식을 소개한다. 저자는 기후변화와 관련된 핵심 쟁점들을 모두 정리하는 동시에 우리가 행동해야 할 실천적인 대안을 제시한다. 이를 통해 독자들은 기후변화 시대를 사는 우리가 무엇을 해야 할 것인지에 대하여 생각해 볼 수 있을 것이다.

사회 · 문화

eBook 표시가 되어있는 도서는 전자책으로 구매가 가능합니다.

(주)사림출판사
www.sallimbooks.com
주소 경기도 파주시 문발동 522-1 | 전화 031-955-1350 | 팩스 031-955-1355